CLC 예배학 시리즈 ㉒

예배, 종교개혁가들에게 배우다

Theology of Worship among the 16th Century Reformers

문화랑 지음

기독교문서선교회

기독교문서선교회(Christian Literature Center: 약칭 CLC)는 1941년 영국 콜체스터에서 켄 아담스에 의해 시작되었으며 국제 본부는 미국 필라델피아에 있습니다.

국제 CLC는 59개 나라에서 180개의 본부를 두고, 약 650여 명의 선교사들이 이동도서차량 40대를 이용하여 문서 보급에 힘쓰고 있으며 이메일 주문을 통해 130여 국으로 책을 공급하고 있습니다.

한국 CLC는 청교도적 복음주의 신학과 신앙서적을 출판하는 문서선교 기관으로서, 한 영혼이라도 구원되길 소망하면서 주님이 오시는 그날까지 최선을 다할 것입니다.

Theology of Worship among the 16th Century Reformers

Written by
Moon, Hwa Rang

Korean Edition
Copyright ⓒ 2017, 2018 by Christian Literature Center
Seoul, Korea

추천사 1

강영안 박사
미국 칼빈신학교 실천신학 교수

16세기 '종교개혁'은 무엇보다 '교회개혁'이었고 교회개혁은 '예배개혁'에서 시작되었다. 마틴 부처의 권유로 1543년 칼빈이 쓴 "교회개혁의 필연성"이란 글을 보면 왜곡된 예배와 잘못된 공로 교리, 성례의 오용과 타락한 교회 정치가 시급한 4대 개혁 과제로 등장한다. 예배개혁이 이 가운데 가장 먼저 거론된다.

예배학자 문화랑 교수의 이 책은 칼빈을 위시해서 여러 개혁가들의 예배개혁이 어떤 방식으로 진행되었는지, 무엇이 문제인지, 그들 사이의 차이가 무엇인지 개혁가들이 쓴 문헌 독해를 통하여 소상하게 보여준다. 이 책을 계기로 교회 안에서 드리는 예배가 개혁되고, 이것이 사회와 문화를 통한 우리의 삶의 예배개혁으로 이어지기를 희망한다.

추천사 2

박영돈 박사
고려신학대학원 교의학 교수

착실하게 공부했던 제자가 동료 교수가 되어 낸 첫 책을 추천하는 것이 여간 기쁜 일이 아니다. 간혹 실천신학이 이론신학과 유리된 채 다루어지는 아쉬움을 접했는데, 저자는 교회사적인 전통과 교의에 대한 탄탄한 연구의 바탕 위에서 예배학을 논했다는 점이 우선 마음에 쏙 든다.

교의학을 전공한 내가 봐도 흠이 없을 정도로 대표적인 종교개혁가들의 예배관을 잘 분석하였다. 쉽고 편하게 읽을 수 있도록 짧게 끊어지는 글이면서도 꼭 알아야 할 핵심 포인트는 빠짐이 없다. 내용이 간명하면서도 알차다. 개혁교회의 전통에 깊이 뿌리내리면서도 현대 상황에 적실한 예배의 갱신을 꿈꾸는 모든 이들에게 귀한 선물이 될 것이다.

추천사 3

신원하 박사
고려신학대학원 원장

　종교개혁 500주년을 맞은 2017년 10월에 종교개혁가들의 예배신학을 연구한 묵직한 책이 나와 참으로 기쁘다. 근래 교회에서 감성적이고 시각적인 방편에 호소하는 다소 실용적인 예배가 실험적으로 시행되고 있는 현실에서, 성경적이며 하나님 중심적인 예배를 추구했던 종교개혁가들의 예배에 대한 노력을 살펴보는 것은 본질적 예배 회복과 갱신에 매우 유익하리라 생각된다.

　이 책은 종교개혁가 루터, 츠빙글리, 부처, 칼빈의 예배신학과 관련된 책과 논문을 철저하게 분석한다. 저자는 역사신학자와 조직신학자가 미처 설명하지 못하는 종교개혁가들의 예배와 예배신학을 탁월하게 보여준다. 아울러 16세기 종교개혁가들을 분석하는 것에 그치지 않고 21세기 예배개혁을 위한 북미 개혁교단의 노력도 함께 분석하면서 한국 교회가 도모해야 할 예배개혁의 방향도 제안하고 있다. 이 노력은 현재 예배와 교회의 개혁에 깊은 관심을 갖는 한국 교회와 목회자들에게 매우 실제적인 도움을 줄 것으로 평가된다.

저자는 미국의 칼빈신학교와 게렛신학교에서 예전신학과 예배역사를 전공했고 그동안 미국의 출판사에서 책을 또 권위 있는 국제적 신학 저널에 예배에 관한 논문들을 출간한 바 있다. 한국에서 처음으로 출판된 저자의 이 책을 목회자들과 신학도들에게 적극적으로 추천한다.

추천사 4

프랑크 센 (Dr. Frank Senn) 박사
전 북미예전학회 회장, 예배 역사 분야의 세계적 권위자

　문화랑 교수의 책은 종교개혁의 예전들을 개관함으로, 오늘날 개혁주의 예배를 위한 토대를 제공하고 있다. 한국의 개혁/장로교회와 16세기 종교개혁가들의 예전 실천을 비교하기 때문에, 한국의 개혁/장로교회 목회자들과 성도들에게 유익한 자료가 될 것이다. 이 책은 한국 개혁교회 및 장로교회의 예배개혁에 시기적절한 공헌을 할 것이다.

저자 서문

종교개혁가들의 예배신학을 시작하면서...

문 화 랑 박사
고려신학대학원 예배학 교수

한 학기 동안 예배학 수업을 들었던 어떤 학생이 나를 찾아왔다.
"교수님 개혁주의 예배에 대해 잘 지도해 주셔서 감사합니다. 개혁주의 예배의 관점에서 한국 교회의 예배 현실을 한 마디로 표현하고 싶습니다."
갑작스런 방문에 놀라면서도 학생의 총기어린 눈빛에 압도된 필자는 말했다.
"네. 한 번 말씀해 보세요"
그러자 그 학생이 이렇게 말하는 것이 아닌가?
"한국 교회에는 '예배인 듯, 예배 아닌 예배 같은 예배'가 많은 것 같습니다."
너무나도 날카로운 지적에 애써 놀라움을 감추며 학생에게 다시 물었다.
"왜 그렇게 생각하시나요?"
그러자 학생은 언론이나 인터넷을 통해 알려진 여러 가지 실험적인 예배를 언급하였다. 2015년 한 수련회를 통해 선보이며 한국 교회에 큰 파문을 던졌던 EDM worship[1], 과도한 추도로 비난을 받았던 전(前) 대통령의 추도 예배, 전도를 촉진하기 위해 예배의 본질적인 요소들을 간과한 현대적 예배, 예배라는 이름하에 행해졌지만, 하나님을 떠올리게 만들기보다 참여자들의 인간적인 욕구에 더 관심을 가진 행사들, 단지 한 학기만 개혁주의 예배학을 공부했을 뿐인데도, 그 학생은 한국 교회 예배의 본질이 회복되야 할 강력한 필요성을 느낀다고 말하였다.

한국 교회를 위한 예배개혁의 갈망은 비단 이 학생만의 생각은 아닐 것이다. 많은 목회자, 교회의 지도자, 의식 있는 성도들은 세속화되어가고 복음에 더욱 적대적으로 변한 세상 속에서 교회의 활력과 생기의 원천인 예배를 회복시키고자 하는 간절한 소망을 가지고 있다.

이런 상황 속에서 종교개혁 500주년을 기념하여 종교개혁가들의 예배신학을 재조명 하는 것은 굉장히 시기적절하다. 한국 교회의 신학과 실천에 큰 영향을 미쳤던 16세기 종교개혁가들의 예배신학은 예배의 갱신을 열망하며 신학적 기준 제시에 갈급해하는 한국의 많은 목회자들과 성도들에게 큰 유익을 줄 것이다.

물론 16세기와 21세기는 시간적으로 큰 간격이 있고, 또한 서방 교

---

[1] EDM worship이란 Electronic Dance Music을 예배에 도입해서 젊은 세대들에게 다가가고자 하는 실험적인 시도이다. 여기에 대해 찬반양론이 팽팽하다. 여기에는 예배와 문화와의 관계, 역사 속에서의 예배 음악 사용에 대한 연구 등에 대한 심도 깊은 연구가 필요하다. EDM worship이 어떤 형태로 이뤄지는가에 대해서는 다음의 동영상을 확인하라. http://www.youtube.com/watch?v=L_qpiC9bwuQ (accessed July 7, 2017)

회와 한국 교회의 태생적, 상황적 차이점이 있다. 그렇기 때문에 필자는 16세기의 특정한 예배 순서(ordo)와 실천(practice)을 그대로 본받자고 말하지는 않는다. 오히려 종교개혁가들의 정신, 특별히 예배개혁의 정신이 무엇이며, 무엇으로부터의 개혁이었는지를 집중적으로 소개할 것이다.

지금까지는 종교개혁을 다룰 때, 인물 중심의 연구가 대세였다. 하지만 필자는 독특하게 16세기 예배개혁에 큰 영향을 주었던 개혁가들의 작품(논문)들을 다룬다. 그리고 그 작품들을 예배학적으로 분석해 개혁가들의 심층적인 예배신학을 전달하려고 한다.

함께 살펴볼 내용을 대략적으로 소개하면 다음과 같다. 먼저 중세 예배와 마틴 루터(Marin Luther)의 예배개혁에 대해 살펴보려고 한다. 그 다음부터는 마틴 루터를 비롯해, 16세기의 예배개혁에 큰 영향을 주었던 츠빙글리(Zwingli), 마틴 부처(Martin Bucer), 존 칼빈(John Calvin)이 작성한 예배에 대한 소논문과 주요 작품을 소개하며 평가할 것이다.

예를 들면, 마틴 루터의 "교회의 바벨론 유수," "독일 미사 및 예배 순서에 대하여"(1526)와 같은 주요 저작들, 츠빙글리의 예배신학을 잘 보여주는 "성찬의 행동과 사용"(Action or use of the Lord's supper, 1525), 칼빈의 예배신학 형성에 큰 영향을 주었을 뿐 아니라, 영국의 종교개혁을 이끌었던 크랜머의 예배갱신운동에 협력했던 마틴 부처의 『근거와 이유』(Grund und Ursach), 존 칼빈의 "초대 교회의 행습에 근거한 성례 및 거룩한 결혼을 집례하는 방법과 기도와 교회 찬양의 형식"과 같은 저작들이 분석할 작품들이다.

그리고 마지막 부분에는 미국 개혁주의 교단의 예배개혁을 향한 노력을 소개함으로써 앞으로 한국 교회가 나아가야 할 예배개혁의 방향성도 가늠해보고자 한다.

혹시나 이 대장정의 순서를 보면서 지레 겁을 먹는 독자들이 있을지 모르겠다. 그러나 최대한 쉽고 간명하게 종교개혁가들의 작품 속에 나타난 주장과 통찰(insight)들을 풀어서 설명할 것을 미리 약속드린다. 그리고 각 장 별로 내용을 기억하고 토론할 수 있는 질문들을 마련해 두었다. 이 질문들은 목회자뿐만 아니라 모든 성도들에게 유익하도록 준비했다.

이 책이 나오기까지 많은 분들의 도움이 있었다.

장남이자 장손인 아들을 하나님께 바치시고 지금까지 인생의 가장 큰 후원자가 되어주신 문종규 집사님, 장상영 권사님, 그리고 사랑하는 사위를 위해 늘 기도해 주시고 도움을 주시는 조서구 목사님, 한순덕 사모님, 사랑하는 아내 조경목, 늘 바쁜 아빠를 이해해 주는 사랑하는 두 딸 수정이와 수지가 있기에 늘 기쁜 마음으로 교수 사역과 연구에 전념할 수 있었다. 특별히 이 책의 연구비를 지원해 주신 거제고현교회 박정곤 목사님과 성도들께 감사를 드린다.

이 책을 추천해 주신 강영안 박사님과 저자의 스승이신 박영돈 박사님, 신원하 박사님 그리고 프랑크 센 박사님에게도 감사를 드린다. 이 분들의 책과 가르침을 통해 학문적인 소양과 경쟁력을 갖출 수 있었다. 부족한 막내 교수를 사랑으로 대해 주시는 고려신학대학원의 여러 선배 교수님들, 행정적인 업무를 도와주시는 직원들, 연구조교 윤웅열 강도사와 행정조교 남창완 전도사를 비롯하여 함께 대화하며 책 구성에 아이디어를 준 고려신학대학원 원우들께도 감사를 드린다. 아울러 이 책이 출판되도록 기꺼이 도와주신 기독교문서선교회(CLC) 박영호 목사님에게도 감사드린다.

부족하지만 이 책이 한국 교회 예배 발전에 조금이나마 도움이 되길 기대한다.

2017년 9월 30일
천안에서

〈생각해 보기〉

1. 한국 교회의 현재의 예배 상황을 어떻게 생각하는지 한 문장으로 표현해봅시다.

2. 최근의 실험적인 예배들(EDM Worship, 전직 대통령 추도예배, 콘서트형 예배 등)에 대해서 어떻게 생각하시나요?

3. 위 글에 소개된 대표적인 16세기 종교개혁가 4인방은 누구인가요?

목차

추천사 1 | 강영안 박사(미국 칼빈신학교 실천신학 교수) _5
추천사 2 | 박영돈 박사(고려신학대학원 교의학 교수) _6
추천사 3 | 신원하 박사(고려신학대학원 원장) _7
추천사 4 | 프랑크 센 박사(전 북미예전학회 회장) _9
저자 서문 | 종교개혁가들의 예배신학을 시작하면서… _10

01 | "중세 예배"와 "마틴 루터의 예배개혁" _18
02 | 마틴 루터의 "교회의 바벨론 유수 1": 성찬 _24
03 | 마틴 루터의 "교회의 바벨론 유수 2": 세례 _29
04 | 마틴 루터의 "교회의 바벨론 유수 3": "참회" _35
05 | 마틴 루터의 "비텐베르크를 위한 미사 및 성찬식 순서" _41
06 | 마틴 루터의 "독일 미사와 예배 순서" _47
07 | 츠빙글리의 "주님의 만찬의 활용법" _53
08 | 츠빙글리의 "세례에 대하여" _59
09 | 츠빙글리의 "성찬에 대하여" _65
10 | 마틴 부처의 예배개혁 _71
11 | 마틴 부처의 『근거와 이유』 1 _77

12 | 마틴 부처의 『근거와 이유』 2 _83

13 | 마틴 부처의 『근거와 이유』 3 _89

14 | 마틴 부처의 『근거와 이유』 4 _95

15 | 마틴 부처의 『근거와 이유』 5 _103

16 | 마틴 부처의 『근거와 이유』 6 _108

17 | 마틴 부처의 『근거와 이유』 7 _113

18 | 마틴 부처의 『근거와 이유』 8 _118

19 | 존 칼빈의 "초대 교회의 행습에 근거한 성례 및 거룩한 결혼을 집례 하는 방법과 기도와 교회 찬양의 형식" _124

20 | 존 칼빈의 "시편 찬송집 서문" _130

21 | 북미주 개혁교회의 예배개혁 1 _136

22 | 북미주 개혁교회의 예배개혁 2 _142

23 | 북미주 개혁교회의 예배개혁 3 _148

24 | 종교개혁가들의 예배신학을 마무리하며 _153

부록 | 예전과 신앙 형성에 대한 존 칼빈의 견해 _158

참고 문헌 _197

01

"중세 예배"와 "마틴 루터의 예배개혁"

"예배개혁"은 종교개혁 핵심 쟁점 중 하나였다.[1]

개혁의 대상이었던 중세 예배는 어땠을까?

중세 로마 가톨릭 예배는 성직자 위계제도(Hierarch)를 중심으로 한 성직자 주도 예배였다. 또한 하나님의 말씀을 듣는 것보다 성례를 행하는 사제의 예배 행위 자체를 보는데 초점이 맞춰져 있었다. 자국어가 아닌 라틴어로 예배를 진행하고 설교하므로 평신도들은 말씀을 제대로 이해하지 못했다. 뿐만 아니라 사제는 "묵념축문"(secreta, 소리를 내지 않고 입속에서 웅얼거리는 기도) 방식으로 봉헌 기도를 드렸기 때문에 미사에 참여하는 평신도들은 그 광경을 보아도 이해하기가 어려웠다.[2]

---

1   Frank Senn, *Christian Liturgy: Catholic and Evangelical* (Minneapolis: Fortress Press, 1997), 267.
2   묵념 축문(secreta)은 서방 예전뿐 아니라 동방 예전에서도 발견된다. 서방의 경우 The Liturgical Homilies of Narsai에서 명확히 발견되고 이후 6세기 중후반부터 보편화되어 1966

이런 로마 가톨릭의 잘못된 예배 관행에 반대하며 종교개혁가들은 "이해를 추구하는 예배"(worship seeking understanding)를 강조했다. 그 근거는 성경의 가르침이다. 그래서 그들은 개혁을 시작하면서 성경에 충실한 "예배의 규정 원리"(the regulative principle of worship)를 추구하였다.[3]

"이해를 추구하는 예배"를 위해 종교개혁가들은 어떤 개혁을 했을까?

한 가지 예로 "설교"를 살펴보자. 종교개혁가들은 공통적으로 설교를 강조했다. 물론 종교개혁 이전에도 탁발 수도회(도미니칸, 프란시스칸, 어거스티니안)에 의해 설교가 강조되었다. 그러나 그들의 설교는 회개나, 헌신, 부흥을 요청하는 정도의 제한적 내용이었다. 이와 달리 종교개혁가의 설교는 "주해적"(exegetical)이었다. 즉 성경 본문을 상세히 주해한 다음 하나님의 뜻을 선포했다. 루터, 츠빙글리, 칼빈 등 개혁가들은 성경 원어에 능통한 주해가들이었다. 게다가 라틴어가 아닌 자국어로 설교했다. 이런 종교개혁가들의 노력을 통해 성도들은 하나님의 말씀을 이해할 수 있었고, 이후로 설교가 개신교 예배의 정점을 이루었음을 우리는 쉽게 발견할 수 있다.

년까지 로마 예전 속에서 지속되었다. 성도들이 들을 수 없는 비밀스런 목소리(secret voice)를 사용함으로 성찬의 신비를 향한 경외의 태도를 생성하는 심리적인 효과를 얻기 위해 사용되었다. Paul Bradshaw(ed.), *The New Westminster Dictionary of Liturgy and Worship* (Louisville: John Knox Press, 2002), 442.

3　예배의 규정 원리란 성경에 나타난 내용만이 예배를 규정하는 원리가 되어야 한다는 견해이다. 여기에 대해 존 칼빈과 그의 후예로 볼 수 있는 청교도와는 입장차가 있다. 여기에 대해선, 부록을 참조하라.

지금까지 중세의 예배를 살펴보았다. 먼저, 루터의 소논문과 저작들을 요약하고 평가하는 등의 본격적인 작업은 잠시 미루고, 먼저 루터가 시도했던 예배개혁의 전반을 살펴보자.

첫째, 루터는 중세 로마 가톨릭의 미사를 통렬히 비판한다. 중세 로마 가톨릭은 아리스토텔레스의 철학적 개념(실체-substance와 속성-accidents)을 사용한 "화체설"에 근거해 성찬 때 일어나는 예수님의 임재의 신비를 설명하려 했다. 그래서 그들은 이 화체설에 근거해 평신도들에게 포도주를 나눠주지(분잔) 않았다. 루터는 성경이 분명 떡과 잔을 함께 말하고 있으므로 이러한 행태는 로마 교황권의 횡포라고 비판한다. 따라서 그는 중세 이후에 금지되었던 분잔이 회복되어야 한다고 주장했다.

둘째, 루터는 중세에 널리 퍼져 있었던 "봉원 미사"(votive masses, 특별한 축일이 없는 날 사제가 임의로 드리는 미사)가 잘못되었음을 지적한다.[4] 당시 평신도들은 사랑하는 사람들의 사후 운명에 대해 과도한 관심을 가지고 있었다. 그래서 연옥에서 고통 받고 있는 자를 위해 대신 "애덕"(charity, 사랑의 공로)을 제공하고자 했다. 당시 예배당의 구조 단면도를 보면 예배당 앞부분에는 미사를 집전하는 중앙 제단(high altar)이 있었고, 건물 곳곳에는 봉원 미사를 집전하는 부속 제단(side

---

4 우리말로 봉원 미사로 불리는 "votive mass"는 서방 예전 속에서 절기나 교회력을 준수하기 위함이 아닌 특별한 의도(votum)를 가지고 간구하는 미사였다. 3세기경 이것의 기원을 볼 수 있는데, 전 회중이 모이는 주일 예배가 아닌 주중에 작은 수의 회중이 모여 특별한 의도들을 가지고 예배를 드리는 것을 의미하였다. Paul Bradshaw ed., *The New Westminster Dictionary of Liturgy and Worship*, 472.

altar)이 있었다.⁵ 이것은 당시 봉원 미사가 얼마나 많은 사람들을 미혹하였는가를 잘 보여주는 단적인 사례이다. 사실 면벌부의 문제도, 죽은 자와의 유대를 곡해하는 잘못된 사상에서 나온 것이 아니었는가! 산 자와 죽은 자 사이의 곡해된 유대를 끊는 루터의 개혁은 이후 개신교회의 장례 예배, 문화, 신학의 심오한 변화를 가져왔다.⁶

셋째, 루터는 찬송을 예배 속으로 편입시켜 성도들이 능동적으로 예배에 참여하도록 도움을 주었다. 그는 에르푸르트대학교(University of Erfurt)에서 신학을 연구면서 음악도 함께 공부했다. 음악 이론과 아리스토텔레스의 음악적 미학을 공부했으며 작곡 능력까지 겸비했다.⁷ 이런 음악적 소양을 신학에 통합시킨 결과, 그는 수백편의 찬송을 만들었다. 그리고 설교 전후에 찬송 순서를 배치해 성도들이 적극적으로 예배에 참여하도록 의도했다. 성도들은 더 이상 예배의 구경꾼이 아니었다. 더 나아가 "비텐베르그 찬송가 서문"(Preface to the Wittenberg Hymnal, 1524)에 밝히듯이, 루터는 교리 찬송으로 기독교 진리가 사람들의 마음속에 스며들기를 기대했다.⁸ 즉 단순히 교리를 주입식으로 가르친 것이 아니라, 교리 교육을 통한 학습과, 예배를 통한 학습의 조화를 꾀했다고 볼 수 있다.

---

5   예배당 구조도에 대한 자세한 설명은 본서 p. 97을 보라.
6   그러나 당대의 예전과 의식을 바꾸는 것은 쉬운 일은 아니었다. 루터의 노력에도 불구하고, 루터파 성도들은 자신들이 물려받은 기존의 의식(ritual and ceremony)을 고집했다. 수잔 카란트 눈의 자료를 참고하라. Susan Karant-Nuun, *The Reformation of Ritual: An Interpretation of Early Modern Germany* (New York: Routledge, 1997).
7   Frank Senn, *Christian Liturgy*, 285.
8   Martin Luther, *Luther's Works vol. 53* (Philadelphia: Fortress Press, 1965), 316.

그러나 루터의 예배개혁에도 아쉬운 점들이 있다. 현재는 성공회(잉글랜드 국교회, Anglican church)의 예전이 로마 가톨릭에 가장 가깝다고 분류하지만, 16세기에는 루터교회(Lutheran)의 예전이 가장 로마 가톨릭과 가까운 모습이었다. 그 예로 성찬을 받을 때 무릎을 꿇거나 제단(altar)이나 성직자 의복(vestment), 여러 예전적 요소들(양초, 십자가, 제의를 위한 장식 등)을 유지했다.

개혁신학의 입장에서 루터의 예배개혁은 철저한 개혁은 아니었다고 생각할 수도 있다. 그러나 당시 사제 중심으로 행해지던 "보는 예배"로부터 루터는 성도들이 예배에 직접 참여하도록 인도했다. 이 공헌은 결코 간과할 수 없다. 찬송을 성도들에게 돌려준 점 역시 마찬가지다. 이러한 루터의 개혁은 오늘날 우리에게도 주는 메시지가 크다.

〈생각해 보기〉

1. 종교개혁이 있기 전 로마 가톨릭 예배는 하나님의 말씀을 듣는 것보다 무엇에 더 초점 맞추었나요?

2. 로마 가톨릭의 잘못된 예배 관행에 반대하며 종교개혁가들은 어떠한 예배를 강조하였나요?

3. 종교개혁 전 탁발 수도회(도미니칸, 프란시스칸, 어거스티니안)의 설교와 차별되는 종교개혁가들의 설교 특징은 무엇인가요?

4. 로마 가톨릭의 화체설은 누구의 철학적 사상에 근간을 둔 것인가요?

5. 마틴 루터가 비판한 봉헌 미사는 무엇인가요?
   그리고 이것이 면벌부와 어떤 연관이 있나요?

6. 개혁파의 관점에서 볼 때 루터의 예배개혁이 철저하지는 못했다고 평가하지만, 당시 사제 중심으로 행해지던 예배에서 루터가 공헌한 점은 무엇인가요?

02

마틴 루터의 "교회의 바벨론 유수 1": 성찬

루터는 1520년 "교회의 바벨론 유수"[1](The Babylonian Captivity of the Church)라는 논문을 통해서 당시 로마 가톨릭의 성례 문제를 통렬하게 비판한다. 성례를 비판한 것은 대단히 의미가 크다. 왜냐하면 성례 문제는 중세 로마 가톨릭의 심장과도 같은 핵심 문제였기 때문이다. 그가 이 논문에서 다루는 내용들은 이후 개신교 성례신학(Protestant sacramental theology)의 기초가 되었다.

루터는 이 논문을 통해 로마 가톨릭의 일곱 가지 성례를 비판하면서 세례, 성찬, 참회 제도가 그들의 거짓 가르침에 포로로 잡혀 있음을 폭로했다.

첫째, 마틴 루터는 "교회의 바벨론 유수"에서 제일 먼저 성찬을 비판한다. 오늘날 우리에게는 성찬 중에 떡(빵)과 잔(포도주)을 함께 받

---

[1] 옛날 이스라엘 백성들이 바벨론의 포로가 되어 고난 받았던 역사에 비유하여, 교회의 성례전이 로마 가톨릭에 의하여 포로가 되어버렸다는 의미이다.

는 것이 당연하다. 그러나 중세 성직자와 성도들에게는 깜짝 놀랄 일이었다. 라테란 공의회(1215)에서 화체설이 공인된 후, 중세 로마 가톨릭은 주님의 실제 보혈로 변화(化)했다고 여겨지는 잔을 평신도들에게 허락하지 않았다. 그러나 마틴 루터는 마태복음 26장, 마가복음 14장, 누가복음 22장을 근거로 주님께서는 '그의 모든 제자들에게' 떡과 함께 잔을, 즉 완전한 성찬을 주셨다고 주장한다.[2]

루터는 주님께서 제정하신 것을 로마교회가 "무슨 권위로 그렇게 할 수 있는지"를 통렬히 묻고 있다. 루터는 이 논문을 통해 "이것은 너희와 많은 사람들의 죄 사함을 위하여 흘린 내 피다"(마 26:28)라는 말씀을 근거로 모든 평신도들에게 잔을 허락해야 한다고 주장한다. 즉 주님께서는 사제들만을 위해서가 아니라 "많은 사람들을 위하여" 잔을 주셨다는 것이다. 또한 "내가 너희에게 준 것은 주님에게서 받은 것이다"(고전 11:23)라는 말씀도 떡과 잔을 성도들에게 함께 주는 것이 주님의 뜻임을 루터는 주장한다.[3]

둘째, 루터는 로마 가톨릭의 화체설(transubstantiation)을 비판하면서, 떡과 잔의 요소들 안에(in), 함께(with), 그리고 아래(under)에 예수님의 몸과 피가 실제로 존재한다고 하는 공재설을 주장한다. 로마 가톨릭의 화체설은 아리스토텔레스의 "본체(substance)와 표징(accidents)"의 철학적 개념을 빌려와서 성찬의 신비를 설명하려고 했다. 본체는 눈에 보이지 않는 개념이지만, 표징이란 색, 맛과 같은 가시적이고

---

2 Martin Luther, "The Babylonian Captivity of the Church" *Luther's Works*, vol. 36 (Philadelphia: Muhlenberg Press, 1959), 20.
3 Ibid., 23-24.

느껴지는 것이라고 하면서, 그들은 사제의 축성(축사)을 통해 외적인 표징(accidents)이 변하지 않더라도, 떡과 잔의 실체(substance)는 그리스도의 몸과 피의 본체(substance)로 변한다고 주장했던 것이다.[4] 이와 달리 루터는 신성에 참여한 그리스도의 인성이 편재하다는 주장을 근거로 공재설을 주장한다. 즉 신성의 무소부재하심이 성육하신 인성 속에 침투하여 그리스도의 부활의 몸이 동시적으로 어느 곳에나 임재하실 수 있다고 본 것이다.[5] 루터는 **그리스도께서 몸과 피로 실재 임재하신다는 신비 자체를 확고히 주장했다. 하지만 그의 견해는 칼빈과 츠빙글리에 의해 비판을 받게 된다.**

셋째, 루터는 이 논문을 통해 중세 로마 가톨릭의 성찬을 비판한다. 그 내용은 바로 성찬의 희생(Eucharistic sacrifice) 개념에 관한 것이다. 루터는 미사(mass)가 선행(good work, 우리가 공로를 얻기 위해 행하는 어떤 것)과 희생(sacrifice, 받는 것 대신에 어떤 것을 드리는 것)으로 변질되어 버렸다고 비판한다. 루터가 생각한 성찬의 핵심은 받는 것이었다. 하나님의 자기 주심(self-giving)을 통한 모든 유익(benefit)을 우리가 받는 것이었다. 루터의 눈에 비친 당시 미사는 인간의 행위를 통하여 하나님을 기쁘시게 하고 그의 은총을 얻고자 하는 종교심의 집약으로 비춰졌다.

루터는 이 논문에서 반복적으로, 예배를 가치 있게 하는 것은 "신

---

[4] Frank Senn, *Christian Liturgy: Catholic and Evangelical* (Minneapolis: Fortress Press, 1997), 251–253.
[5] 로마 가톨릭은 공재설이 그리스도의 양성론을 위협한다고 하여 거부하였다. Ludwig Ott, *Grundriß der katholischen Dogmatik* (Breisgau: Herder, 1970), 460.

앙 외에는 다른 아무 것도 필요치 않다"고 주장한다. 신앙은 하나님의 약속과 함께 하는 것이다. 왜냐하면 "약속이 없다면 믿을 수 있는 것이 아무 것도 없고, 또 신앙이 없다면 약속은 무용하기 때문이다." 하나님은 약속의 말씀에 표징을 더해 주시는데, 루터는 다음과 같이 주장한다.

"표징보다 말씀 가운데 더 능력이 있는 것 같이, 성례보다 언약 가운데 더 큰 능력이 있다."

왜냐하면 말씀과 언약은, 표징이나 성례와 관계없이 사용할 수 있기 때문이다. 그러므로 루터는 예배에 있어서 무엇보다 "약속의 말씀에 가장 주의를 기울여야 한다"고 주장한다.[6]

당시에 사용된 로마 가톨릭의 미사 경문(canon of the mass)속의 내용만 봐도 로마 가톨릭의 희생제사 개념이 잘 나타난다. 거기에는 하나님께 교회의 희생을 아벨의 희생과 같이 받아달라는 청원이 들어간다. 루터는 이 부분에서 그리스도가 "제단의 희생물"(hostia altaris)로 불리는 것을 지적한다. 루터는 이런 로마 가톨릭의 예배신학을 두고 예수님을 반복해서 "희생제물"로 드리는 것이라고 강력하게 비판한다.[7]

루터는 "교회의 바벨론 유수"를 통해 로마 가톨릭의 성례신학을 통렬히 비판했다. 그리고 이 논문은 개혁가들과 목회자, 성도들에게 바른 성례론에 대한 가이드라인이 되었다.

---

6 Martin Luther, "The Babylonian Captivity of the Church," 42–48.

7 Ibid., 52–53.

〈생각해 보기〉

1. 루터는 당시 교회의 성례전이 로마 가톨릭에 의하여 포로가 되어버린 상황을 무엇에 비유하여 글을 작성하였나요?

2. 루터는 "교회의 바벨론 유수" 논문에서 로마 가톨릭의 어떤 주장을 비판하였나요?

3. 로마 가톨릭의 화체설은 어느 공의회에서 승인되었나요?

4. 마틴 루터는 무엇에 근거하여 주님께서 모든 성도들에게 떡과 잔을 함께 받는 완전한 성찬을 주셨다고 주장하였나요?

5. 루터가 주장한 공재설은 떡과 잔의 요소들과 예수님의 몸과 피의 관계를 세 전치사로 표현합니다.
   이 세 전치사는 무엇인가요?

6. 로마 가톨릭의 '성찬의 희생'(Eucharistic sacrifice) 개념과 반대하여서 루터가 성찬에서 강조한 점은 무엇인가요?

7. 루터는 말씀과 표징, 언약과 성례의 관계에서 각각 무엇을 우위에 두었나요?
   그리고 그 이유는 무엇인가요?

03

마틴 루터의 "교회의 바벨론 유수 2": 세례

"교회의 바벨론 유수" 첫 부분에서 루터는 로마 가톨릭에 의해 변질된 성찬에 대한 가르침을 비판하였는데, 두 번째 부분에서는 변질된 "세례" 문제를 다루고 있다.

루터는 먼저 "자신들의 세례를 상기하는 사람이 드물며 세례를 영광스럽게 여기는 자들은 더욱 적다"고 한탄한다. 당시 사람들은 참회(고해성사)를 의지했다. 교부 히에로니무스(Hieronymus)가 참회(고해성사)를 "파선 후 제2의 널빤지"라고 말했기 때문이다. 루터는 사람들이 참회를 이미 받은 세례를 기억하는 것보다 더 의지하는 태도를 비판했다.[1]

그 결과 사람들은 "서약, 수도단, 행위, 배상, 순례, 면죄증"과 같은 수많은 부담거리를 만들어 무거운 규정으로 삼았다. 루터는 이런 태

---

1 Martin Luther, "The Babylonian Captivity of the Church" *Luther's Works*, Vol. 36 (Philadelphia: Muhlenberg Press, 1959), 61.

도와 규정들 때문에 세례의 중요성과 의미를 상실하게 되었다고 한탄한다.

첫째, 루터는 사람들이 그들의 세례를 기억하기 위해선 적절한 가르침을 받는 것이 필요하다고 주장한다.

둘째, 세례를 받은 사람은 이미 구원 받았음을 의심해서는 안 된다고 주장한다. 왜냐하면 신앙이 없다면, "그 세례는 우리에게 아무 유익도 주지 않을 것"이기 때문이다.

셋째, 성도가 세례에 담긴 하나님의 약속을 붙드는 한 구원을 잃어버리지 않는다고 강조한다.

그러므로 성도는 신앙으로 그것을 받고, 부단히 가르침을 받고 양육을 받아야 한다. 우리가 회개할 때, 우리는 "세례의 능력과 신앙"으로 돌아가는 것이다. 루터는 시행된 약속의 진리인 세례를 두고 "우리가 돌아올 때 언제고 두 팔을 벌리고 우리를 영접할 준비"를 갖추고 있다고 주장한다. 그러므로 우리는 자신이 받은 "세례를 기억하고," "하나님의 약속"을 떠올리며, "세례를 받았기 때문에 아직도 구원의 보루" 안에 있음을 기뻐할 수 있다.

루터는 이렇게 말한다.

"하나님은 그의 약속에 성실하시며(히 10:23, 11:11), 나는 세례로 그의 표징을 받았다. 만일 하나님께서 나를 위하시면 누가 나에게 대적하겠는가?(롬 8:31)"

더 나아가, 루터는 우리가 받는 세례는 사람에 의해 받는 것이 아니라 인간의 손을 통한 하나님 자신에 의해 세례를 받는다고 주장한다. 세례를 베푸는 사람은 하나님의 도구일 뿐이다. 세례는 "성부와 성자와 성령의 이름으로" 주어지는 것이다. 우리는 세례가 하나님 자신에 의해 주어졌다는 것을 알 때 많은 위안과 확신을 가진다.[2]

이어서 루터는 세례의 "표"(sign)에 대해 언급한다. 성례는 표를 필요로 한다. 표는 "하나님의 약속과 함께 그 말들이 뜻하는 것을 나타내기 위해 주어진 것"이다. 물로 씻는 것이 사람을 의롭게 만들거나 구원하는 것이 아니다. 표의 효력은 "신앙 자체에 있으며 행위의 행함에 있는 것이 아니다." 오직 약속의 말씀에 대한 신앙이 의롭게 하는 것이다. 그러나 루터가 보기에 로마 가톨릭은 성례에 대한 논의에서 "신앙과 약속"을 고려하지 않고 "표와 그것의 활용"에만 집중하여 우리를 "신앙"에서 "행위"로, "말씀"에서 "표"로 인도한다. 그러므로 루터는 로마교회가 성례를 감금하며 잘못된 사상을 주입했다고 한탄한다.[3]

세례는 최종적인(once and for all) 사건이 아니라, 그것은 성도로 하여금 그리스도와 함께 죽고 부활하는 삶을 시작하게 한다. 의식(儀式)으로서의 "세례"는 순간적이지만, 우리는 그것이 뜻하는 바를 죽을 때까지 지속적으로 행해야 한다. 살다보면 우리는 세례의 표에서 멀어질 때가 있지만, 사람이 "절망하고 구원에 돌아오기를 거부하지 않는 한" 세례가 무효화 될 수는 없다. 그러므로 우리의 "전 생애는 세례"여야 하며, 세례의 성취를 이루어야 한다.

그렇다면 루터는 종교개혁 당시 논쟁거리였던 유아세례에 대해서

---

2 Ibid., 58-60.
3 Ibid., 64-67.

는 어떻게 생각했을까?

루터는 유아의 경우 세례반으로 옮겨주는 다른 사람들의 신앙에 의해 도움을 받기 때문에 세례를 받을 수 있다고 주장한다. 왜냐하면 하나님의 말씀은 "어린아이처럼 무감각한" 마음도 변화시킬 수 있을 만큼 강력하기 때문이다. 특히 루터는 마가복음 2장 3절-12절에 나오는 중풍병자가 다른 사람들의 신앙에 의해 고침을 받았다는 것을 근거로 유아세례의 시행을 옹호한다.[4]

더 나아가 루터는 세례식에서 약속 이외의 모든 다른 서약들은 폐지되어야 한다고 주장한다. 왜냐하면 모든 다른 서약들은 의식법 또는 인간의 규례(ceremonial laws or human ordinances)이고 영구히 사람을 묶을 수 없기 때문이다. 루터는 서약이 세례를 손상시키고, "기독교인의 자유"를 흐리게 한다고 주장한다.

루터가 서약 자체를 정죄하는 것은 아니다. 다만 서약을 "공적인 생활양식"으로 정당화하는 것을 강하게 반대한다. 무엇보다 성경에 서약, 특히 "평생의 정절이나 복종, 빈곤"에 대한 예가 없음을 강조한다. 또한 서약에는 "외적인 가식과 일탈적인 성격"으로 인해 결국 "위선"으로 기울어지는 위험성이 있음을 지적한다. 즉 루터는 신앙보다 행위가 높여지는 것을 경계하는 것이다.

마틴 루터는 세례 때 주신 하나님의 약속을 날마다 새롭게 할 필요가 있다고 하면서 죄로 인해 우리의 양심이 억압받을 때마다 "나는

---

[4] Ibid., 73-74.

세례를 받았다"고 선포하며 힘과 위로를 얻어야 한다고 주장한다.[5] 때때로 우리의 신앙과 양심이 죄의 공격으로 상처받고 자신의 영적 상태에 실망할 때가 있지만, 우리가 받은 세례가 "하나님의 사랑에 대한 객관적 확신"을 제시하고 있다는 것을 상기시켜 준 것은 루터의 공헌이라 할 수 있겠다.

우리에게 세례의 은혜를 주신 하나님의 은혜를 늘 기억하면서, 흔들리지 말고 더욱더 굳건한 믿음의 반석 위에 서는 모든 신자들이 되었으면 한다.

[5] *The Book of Concord: The Confessions of the Evangelical Lutheran Church*, ed. Robert Kolb and Timothy J. Wengert (Minneapolis: Fortress Press, 2000), 462.

〈생각해 보기〉

1. 종교개혁 당시의 사람들이 서약, 수도단, 행위, 배상, 순례, 면죄증과 같은 무거운 규정을 만든 이유는 무엇인가요?
'파선 후 제2의 널빤지'와 연관하여 말해봅시다.

2. 루터는 신자가 세례를 기억하기 위해선 우선적으로 무엇이 필요하다고 주장하였나요?

3. 루터는 세례의 표(Sign)에 대해 언급하면서 그 효력이 어디에 있다고 설명하였나요?

4. 세례는 최종적인(once and for all) 사건이 아니라 무엇을 시작하는 사건인가요?

5. 루터는 성경 어느 본문에 근거하여 유아세례의 시행을 옹호하였나요?

6. 루터는 세례식에서 약속 이외의 다른 서약들이 무엇을 흐리게 한다고 주장하였나요?

7. 루터는 죄로 인해 우리의 양심이 억눌림을 당할 때 무엇을 상기하며 하나님의 약속을 날마다 새롭게 상기하였나요?

04

마틴 루터의 "교회의 바벨론 유수 3": "참회"

종교개혁 초기 루터는 "참회"(고해성사)를 성례로 간주했었다. 왜냐하면, 참회에도 다른 성례(세례와 성찬)와 마찬가지로 "하나님의 약속"과 "명령"이 담겨 있다고 생각했기 때문이다. 그러나 시간이 지나면서 루터는 참회를 성례로 받아들이는 데 주저하게 된다.

그 이유는 무엇일까?

그는 "신적으로 제정된 표지(sign)"가 참회에는 없다고 판단했기 때문이다. 비록 참회가 성경에 따라 하나님의 약속을 가지지만, 세례와 성찬과 달리 참회는 외부적이고 가시적인 표지를 가지지 않는다. 세례는 외부적인 표지로 물을, 그리고 성찬은 빵과 포도주를 가진다. 하지만 참회는 그런 외부적인 표지가 없다. 이런 이유로 결국 루터는 참회를 성례로 보았던 자신의 초기 견해를 수정할 수밖에 없었다.[1]

---

1   Martin Luther, "The Babylonian Captivity of the Church," *Luther's Works*, vol. 36 (Philadelphia: Muhlenberg Press, 1959), 18.

"참회"는 어떻게 성례가 되었을까?

1215년 제4차 라테란 공의회에서, 분별의 나이에 도달한 신자는 죄를 범했을 때 일 년에 한 번은 참회로 용서를 받아야 하는 의무가 있다고 선언했다. 1439년 피렌체 공의회에서는 참회를 7성례 중 하나로 정했다. 1470년 파사우 공의회에서는 사순절과 부활절에 참회를 시행하기로 규정했으나, 교회에서는 더 빈번하게 시행되었다. 반종교개혁 공의회인 트렌트 공의회(1545-1563)에서는 참회를 "회개"(contrition), "고백"(confession), "용서"(absolution), 그리고 "보속"(satisfaction)으로 나누었다. 사실 트렌트 공의회의 중요한 전제 중 하나가 참회의 성례성(sacramentality) 보호였다.[2]

"교회의 바벨론 유수" 논문에서 루터는, 로마 가톨릭의 참회 제도를 향해 "회개가 약속에 있어서 신앙을 앞서며 훨씬 위에 있는 것으로 가르친다"고 비판한다.[3] 즉 그는 행해진 의식으로서의 성례가 사람을 의롭게 만드는 것이 아니라, 신앙(믿음) 자체가 사람을 의롭게 한다고 주장한 것이다. 그러므로 그의 눈에 비친 로마 가톨릭의 회개는 피상적인 의식이며, "회개와 슬픈 마음을 일으키는 신앙(믿음)에 관해서는 고려하지 않는 것"이었다. 루터는 주님 앞에서의 참회가 무가치하거나 불필요하다고 생각한 것은 아니다. 다만 로마 가톨릭의 "참회 제도"가 성도들로 하여금 성경에서 말하는 진정한 참회의 정신을 왜곡하여 진정한 변화를 추구하지 않게 만든다고 비판한다.

---

2   John Bossy, *Christianity in the West 1400-1700* (Oxford: Oxford University Press, 1985), 35-56.

3   Martin Luther, "The Babylonian Captivity of the Church" 84.

"바벨론 유수"에 나타난 루터의 지적을 한 번 살펴보자.

> 사제가 부과해 준 기도를 한 마디 한 마디 중얼거리기만 하면, 그들이 구원 받은 상태에 있고 자신들의 죄를 보상하고 있다는 생각을 가진 사람들이 얼마나 많은가?
> 자신들의 생활 개선에 대해서는 아무 노력도 하지 않는다. 단지, 회개하고 죄를 고백하는 순간 자신들의 생활이 변화되고 남은 것은 과거의 죄를 보상하는 일 뿐이라고 생각한다.[4]

당시 로마 가톨릭의 참회는 신앙과 동떨어진 참회였다. 이런 참회를 하는 사람들은 자신의 참회를 공로로 생각하고 행위로 의로움을 받을 수 있다고 믿게 된다. 하지만 루터는 신앙과 동떨어진 참회란 있을 수 없으며, 동떨어진 참회는 인간의 공로가 되어 행위를 통해 의롭게 된다는 믿음을 주는 결과를 낳고 만다고 지적한다. 또한 "사제의 사면권"에 대한 비판과 아울러, "보속"의 행위를 제거하려고 했다. 보속이란, "교회의 보화" 교리에서 비롯된 것인데, 그리스도와 성인의 공로들이 하늘의 보화 창고에 있고, 이것이 교황의 수중에 있는데 성도가 참회를 할 때 기부를 함으로서 죄인들에게 도움을 준다는 것이다. 이에 대해 루터는 "교회의 참된 보화는 하나님의 영광과 은총의 지극히 거룩한 복음"임을 선언했다.[5]

---

4 Ibid., 90.
5 Martin Luther, "Ninety-Five Theses," *Luther's Works* vol. 31 (Philadelphia: Muhlenburg Press, 1957), 31.

사실 루터가 당시에 시행되던 참회 자체의 순기능을 완전히 무시한 것은 아니다. 왜냐하면, 참회가 "성경에 의거하여 입증할 수는 없지만 … 번뇌하는 양심에 대하여 비길 데 없이 좋은 치료제"가 될 수 있기 때문이다. 만일 우리가 형제에게 서로 죄를 고백할 때, "형제의 입에서 하나님 자신이 말씀하시는 위로의 말씀"을 들을 수 있고, 이것이 "하나님의 자비 가운데서 평화"를 줄 수 있다고 루터는 판단했다.[6] 즉 루터는 "참회"가 주는 목양적 관점(pastoral dimension)의 순기능을 인정한 것이다. 그래서 루터는 "고백"과 "용서"도 은혜의 방편(means of grace)으로 간주했다. 그러나 특정 사제에게 죄를 강제적으로 고백하는 로마 가톨릭의 방식은 비성경적인 월권이며, 양심의 자유를 침해하는 것이라 말하며 선을 분명하게 그었다.

"교회의 바벨론 유수" 이후에 "참회"에 대해 로마 가톨릭과 루터교회는 첨예하게 대립했다. 로마 가톨릭의 참회 제도에 대해 루터교회는 "(하나님의) 은혜와 용서가 성례들의 포로가 된다"고 생각했고, "용서는 수찬자 편에서의 믿음의 표현 없이 참회의 성례 안에서 허락될 것"이라고 생각했다. 한편 루터교회의 참회에 대해 로마 가톨릭은, 다음과 같이 평가했다.

"용서가 너무나도 일반화되어서 참회는 성례전으로서의 기능과 효력을 잃어버릴 것이며, 그러므로 불필요한 것이 되어 버린다."

루터의 "교회의 바벨론 유수"를 통해 당시 참회 제도의 문제와 루터의 개혁을 살펴볼 수 있었다. 종교개혁 이후 참회 제도는 폐지되

6　Martin Luther, "The Babylonian Captivity of the Church," 86.

었다. 루터 이후 개신교회는 로마 가톨릭처럼 지정된 신부에게 죄를 털어 놓지 않는다. 이제는 예배 속 공적 고백인 '참회의 기도'와 '사죄의 선언' 순서에서 참회의 순기능이 나타난다. 이 순서들을 통해 성도들은 하나님께서 자비로우신 분이시라는 믿음을 가지고 은혜의 보좌 앞으로 담대히 나아가 자신의 죄를 고백한다. 또한 목회자의 입술을 통해 선포되는 사죄의 선언을 들으며 하나님의 용서를 확신할 수 있다.

참회의 기도는 종교개혁가 칼빈의 스트라스부르 예전뿐 아니라, 칼빈의 예전, 영국 성공회의 예전 속에서도 발견된다. 칼빈의 경우 목회자가 사죄 선언하는 것에 대한 반대가 있어, 지혜를 발휘해 용서에 대한 찬송을 함께 불렀다. 중세와 로마 가톨릭이 강조하였던 사적인 고백을, 종교개혁가들은 예전 속 공적인 고백의 순서로 개혁했다.

〈생각해 보기〉

1. 루터가 참회를 성례로 간주했던 초기 견해를 수정한 이유는 무엇인가요?

2. 참회를 4단계로 구분하고 참회의 성례성(sacramentality)을 보호한 로마 가톨릭 공의회의 이름은 무엇인가요?

3. 루터가 회개에서 행해진 의식보다 더 중요하다고 강조한 것은 무엇인가요?

4. 참회에서 보속(satisfaction)은 어떤 교리에 기반을 둔 것인가요? 그리고 루터는 참된 교회의 보화를 무엇이라 말하였나요?

5. 루터는 사적이었던 참회를 어떻게 개혁하였나요?

6. 목회자가 사죄 선언을 하는 것에 대한 반대를 경험한 칼빈은 어떤 지혜를 발휘하였나요?

05

마틴 루터의 "비텐베르크를 위한 미사 및 성찬식 순서"

1523년 마틴 루터는 츠비카우와 데사우에서 종교개혁을 이끌었던 니콜라스 하우스만(Nicholas Hausmann)의 끈질긴 간청에 응답하여 12월경 "비텐베르크교회를 위한 미사 및 성찬식 순서"(Formula Missae et Communionis pro Ecclesia Vuittembergensi)라는 글을 쓰게 되었다.

당시 루터는 보름스 재판(Worms, 1521)에서 황제 카를 5세에 의해 범법자로 공포된 이후, 선제후 프리드리히의 보호 아래 발트부르크(Wartburg)에 머물고 있었다. 위협 속 안전한 장소에서 머물고 있던 루터의 평안은 곧 끝이 난다. 비텐베르크의 개혁가 칼슈타트(Andreas Karlstadt)가 급진적 개혁을 시도했기 때문이다. 이 소식을 들은 루터는 안전한 발트부르크를 떠나 위협이 도사리고 있을 비텐베르크로 돌아갔다. 위협 중에서 오히려 루터는 이 소논문을 통해 개혁된 예배의 모델을 제시하였다.[1]

---

[1] Frank Senn, *Christian Liturgy: Catholic and Evangelical* (Minneapolis: Fortress Press,

루터는 급진적 개혁에 대해 주저하는 입장을 보인다. 왜냐하면 "오래된 예배 의식 자체를 쉽사리 놓지 못하는" 사람도 있고, 반대로 "참신한 변화만 추구하고 쉽사리 변화에 싫증을 내어버리는" 사람도 있었기 때문이다. 이런 상황 속에서 루터는 이 소논문의 서문에서 자신은 "하나님께 대한 예전적 예배"를 완전히 폐지하고자 함이 아니라, "좋지 못한 첨가물들에 의해 지금 사용되고 있는 예전을 정화"시키고 "복음적인 사용법을 제시하는 것"이라고 말한다.[2] 즉 루터는 기존의 실천(practice)자체를 버리는 것이 아니라 복음의 잣대로 그것을 갱신하고 거룩하게 하려는 노력을 기울인 것이다.

루터는 초대 교회의 예배들은 단순한 형태이며 복음적이라 평가한다. 그런데 이후 사람들이 가증스러운 혼합물을 첨가함으로 로마 가톨릭 미사는 희생제사가 되었다고 한탄한다. 산 자와 죽은 자에 대한 기념, 제복, 제기, 성상들 같은 외적 부가물들이 예배를 오염시키는 대표적인 혼합물들이라는 것이다.

루터는 문제점들을 지적하는 것에 그치지 않고, 앞으로 예배개혁을 위해 보급되어야 하는 예배의 형식 문제도 다룬다.

첫째, 루터는 "성자들에 대한 모든 축일"들이 폐기되어야 하며 "주일"과 "주님과 관련된 축일"들만을 지켜야 한다고 주장한다. 즉 교회력의 간소화를 추구하였다. 그리고 주일과 교회의 절기에 시편송을

1997), 275.
2   Martin Luther, "An Order of Mass and Communion for the Church at Wittenberg" *Luther's Works*, vol. 53 (Philadelphia: Fortress Press, 1965), 19-20.

권장하지만, "입당송"(introits)을 유지하는 것을 허락했다.[3]

둘째, 루터는 당시에 사용되고 있던 "퀴리에 엘레이손"(Κύριε ἐλέησον, 자비송, 예배 시작 때 하는 기도, '주여 우리를 불쌍히 여기소서'라는 의미)과 "대영광송"(Gloria in Excelsis)은 그대로 받기를 주장하였다.

셋째, 루터는 본기도(collect)는 유지되나, 예배 중 단 한 번만 행해져야 하며, 그 다음에 서신서 봉독으로 넘어감을 이야기하였다. 서신서 봉독에 대한 내용으로, "그리스도 안에서의 신앙이 가르쳐지는 단락들에 우선권이 부여되어야 함"을 주장하였다.

넷째, 루터는 예배 찬송에 대한 특징적인 언급을 하는데 "우리는 지루함을 초래하여 신자의 영의 불을 끄고자 해서는 안 된다"라고 하며 당시 예배 순서 안에서 층계송과 알렐루야가 겹치면서 예배가 지루해지는 것을 경계하였다.[4]

이후 루터는 성찬식의 순서와 내용을 설명한다. 특징적인 내용으로는 성찬식의 기도에서 "나," "나의 것"이라는 단수형 대신에 "우리,"

---

[3] 입당송(Introit)은 예배 시작 때 함께 드리는 찬양을 말한다. 예배 인도자 일행이 행진하여 들어올 때 뒤에서 찬양대가 입례송을 부르며 따르기도 했다. 그것은 시편 구절에 기초한 교송(antiphon)을 포함했다. 교송이란 한 무리가 노래하면, 다른 한 무리가 그 다음이나 후렴을 교대로 노래하는 방식을 말한다. 그리고 시편의 끝 부분에는 영광송(Gloria Patri)으로 끝났다. 영광송은 삼위 하나님을 찬양하는 노래를 말한다. 영광송은 찬양대만 부를 수도 있고 회중이 같이 부를 수도 있었다. 그것은 주로 라틴어로 찬양대에 의해 불려졌다. 독일 미사에서는 마틴 루터가 시편 전체를 독일어로 부르도록 규정했다. 실제적으로 역사적인 입당송(Introit)은 연속 독서 대신에 선택적 독서가 유지된 것처럼 루터파 예배에서 계속해서 사용되었다. 개혁파는 시편 전체를 사용하였고 연속적 독서방식을 택했다. 이 설명은 Dr. Frank Senn이 이메일을 통해 상세한 설명을 보내온 것을 기초로 하였다.

[4] 그 외에도 특징적인 것은 루터는 양초나 향을 피우는 것을 반대하지 않았고 자유롭게 두었다. 또한 니케아 신경을 노래로 부르는 것의 문제도 목사의 판단에 맡겼다. Martin Luther, "An Order of Mass and Communion for the Church at Wittenberg," 22-25.

"우리의 것"이라는 복수형을 쓰라고 말한 것이다.⁵ 예배를 하나님과 그의 백성이 가지는 언약적 만남과 갱신이라는 차원에서 볼 때 공예배의 기도는 복수형이 되어야 한다. 이런 차원에서 공예배를 인도하는 사람은 "제가 기도하겠습니다"가 아니라 "우리 함께 기도하겠습니다"라고 말해야 한다.

루터는 예배 속 의식(rite)들의 행위 자체를 법제화해서 "양심을 올가미에 걸거나," "괴롭힐 형태"로 만드는 것을 비판한다.⁶ 초대 교회의 역사를 살피면서 루터는 그 누구도 예배 의식의 특정 형태를 법제화하지 않았음을 깨달았다. 그래서 비록 예전 통일을 목표로 로마 가톨릭이 예전의 법제화를 시도했더라도, 루터는 외적 의식의 법제화는 불가하다고 말한다. 오히려 다른 예배 의식들을 사용하는 사람들을 판단하거나 경멸해서는 안 된다고 주장한다. 동시에 외적 의식이 필요하지만, 그것 자체는 우리를 하나님께로 인도하지 못하며 우리에게 중요한 것은 "신앙"이라고 강조한다.

루터는 당시에 성행하던 사적인 미사가 허용되어서는 안 된다고 주장하며, 성찬의 공적인 차원을 강조한다.⁷ 또한 담임목사는 성찬에 참여하는 사람들의 삶을 살펴보아야 하며, 무자격자들이 성찬상으로 달려드는 것을 막아야 한다고 주장한다. 성찬에 참여하기 위해서 사람들은 교리 교육을 받아야 하며, 성찬의 제정사를 기억하고 암송할 수 있어야 할 뿐 아니라, 성례의 유익을 설명할 수 있어야 했다. 물론

---

5 Martin Luther, "An Order of Mass and Communion for the Church at Wittenberg," 29.
6 Ibid., 31.
7 Ibid., 32.

루터도 매번 사람들을 점검해야 하는 것은 아니며, 그것을 목양적 판단으로 남겨 두었다.[8]

특별히 루터는 성찬 이전에 분명히 말씀이 선포되고 설명되어야 함을 강조했다. 루터의 예전에서 설교는 니케아 신경 고백 이후에 자리한다. 그가 설교를 강조하는 이유는 "복음은 광야에서의 외치는 소리이며 불신자들에게 믿음을 불러일으키는 것"이기 때문이다.

마틴 루터는 본 소논문을 통해 루터는 자신의 예배개혁의 태도(stance)를 여실히 보여주었다. 그는 이전의 예배를 폐지하는 방식의 개혁이 아니라, 이미 시행되고 있는 실천 자체의 정화를 추구했다. 그는 급진적 개혁이 가지고 올 수 있는 혼동을 예방하고, 복음적인 관점으로 성도들에게 다가갈 수 있었다. 그의 이런 태도는 오늘날 예배개혁을 열망하는 우리들에게 주는 메시지가 크다.

---

8 Ibid., 33-34.

〈생각해 보기〉

1. 루터는 누구의 간청으로 "비텐베르크교회를 위한 미사 및 성찬식 순서"를 작성하였나요?

2. 루터는 왜 선제후 프리드리히의 보호가 있는 발트부르크에서 비텐베르크로 돌아와야만 했나요?

3. 루터는 본 논문의 서문에서 예전개혁과 관련해 무엇을 강조하였나요?

4. 루터가 예배 형식 개혁에서 그대로 받은 "퀴리에 엘레이손"은 어떤 의미의 찬송인가요?

5. 루터가 성찬식의 기도에서 특별히 강조한 것은 무엇인가요?
   그리고 이것은 예배의 어떤 차원에 기초한 것일까요?

6. 루터가 예배 속 의식(ceremony)들의 법제화를 반대하면서, 의식보다는 '이것'이 더 중요하다고 강조하였습니다.
   '이것'은 무엇인가요?

7. 루터가 성찬의 공적인 차원을 강조하면서, 성찬에 참여하는 신자들에게 어떤 것들을 확인해야 한다고 언급하였나요?

06

마틴 루터의 "독일 미사와 예배 순서"

루터가 1523년에 작성한 "비텐베르크교회를 위한 미사와 성찬식 순서"는 당시 통용되던 전통적인 미사의 수정판 정도였다고 볼 수 있으며 당시 독일의 교회들은 여전히 라틴어를 사용하고 있었다. 이후 독일지방에는 다양한 프로테스탄트 교회들의 예전이 발표되었다. 1523년에는 다양한 독일어 예전이 등장하였으며, 심지어 과격파 지도자인 토마스 뮌쩌(Thomas Münzer)와 같은 사람들도 독일어 예배를 시도하였다.[1] 이런 상황 속에서 루터의 친구들은 예배 예전의 혼란을 극복할 수 있는 신학적 가이드라인과 단일화된 예배 형식을 제시해 달라고 요청했다. 그렇게 해서 이 세상에 나온 것이 바로 이 "**독일 미사와 예배 순서**"라는 글이다.

그러나 혼돈 상황을 한 방에 해결할, 법적으로 단일화된 예배 형식을 기대했던 친구들의 기대와 달리 루터는 예전의 통일성에 대한 법

---

1 Frank Senn, *Christian Liturgy*: *Catholic and Evangelical* (Minneapolis: Fort

적인 강제를 거부했다. 그는 이 소논문의 서문에서 다음과 같이 말했다.

> 이것을 사람들의 양심을 속박하는 경직된 법으로 만들지 마십시오. 기독교인의 자유 속에서 그것이 실천적이고(practical), 유용하게(useful) 사용하십시오.²

루터는 어떤 생각으로 이런 말을 했을까?

글을 통해 루터가 명확히 말하지는 않았지만 로마 가톨릭에 대한 반감과 우려 때문이지 않을까 조심스럽게 추측할 수 있다. 초대 교회 이후 세계적으로 다양한 예전의 계보(family)가 존재했지만, 로마 가톨릭이 로마 예전을 중심으로 서방 교회 예전을 통일시키고 잘못된 예전적 실천(liturgical practice)을 성도들에게 부과했기 때문이다. 루터는 자신이 제시하는 예배 순서와 의식이 절대화되기보다는 언제, 어디서, 어떻게 시행하고 사용하는 것은 **기독교인의 자유**에 속한다고 본 것이다.

루터는 다음과 같이 말한다.

> 가능한 한 우리는 동일한 의식들을 지켜야 합니다. 마치 모든 기독교인들이 동일한 세례와 동일한 성례를 갖고 있고 어느 누구도 하나님께 자신만의 특

2　Martin Luther, "The German Mass and Order of Service," *Luther's Works* vol. 53 (Minneapolis: Fortress Press, 1965), 61.

> 별한 것을 받지 않았던 것처럼 말입니다. 그렇다고 이미 좋은 순서를 갖고 있거나 하나님의 은총에 의해 보다 좋은 순서들을 만들 수 있는 사람들이 자신들의 순서를 폐기하고 우리의 것을 따르라는 것은 아닙니다.[3]

즉 루터는 기독교 예배의 통일성을 강조하고 있지만, 다른 예배 의식으로 이미 예배를 드리고 있는 교회의 회중에 대한 배려와 존중의 마음도 동시에 가지고 있었음을 알 수 있다. 비록 루터가 "독일 미사"를 새롭게 발표했지만, 이전에 발표했던 "미사와 성찬식 순서" 자체를 없애려고 하지는 않았다. 왜냐하면 당시 라틴어는 젊은이들, 일반 학교들과 대학교에서 여전히 사용되고 있었기 때문이다. 루터의 의도는 예배 의식의 획일적인 통일보다는 성경적 근거의 경계 안에서 보다 많은 사람들과 교회들을 품으려는 것임에 틀림없다.

혹여나 예전의 차이에 대한 루터의 태도가 너무 관대하지 않는가 하는 의문을 제기할 수 있다. 그러나 루터는 여기에 대한 균형 잡힌 견해를 제시하는데, "예배의 특정 순서가 잘못 사용될 때는 언제나 즉시 폐지되고 다른 것에 교체되어야 한다는 것을 전제로 사용되어야 한다"고 주장했다. 구체적인 예로 히스기야 왕 시대의 놋뱀 제거(왕하 18:4) 사건을 제시한다. 그는 "예배 순서들은 신앙과 사랑의 증진을 위해 사용되어야 하고 신앙의 손상을 위해 사용되어서는 안 된다"고 주장했다. 즉 루터에 따르면 예배 순서는 외적인 것이다.

"어떠한 예배 순서도 그 자체로 유용하지 않다."

---

[3] Ibid., 61–62.

"유효성과, 가치, 힘, 그리고 덕은 예배 요소의 올바른 사용을 통해 가능하다."[4]

이것이 루터의 예전 신학의 핵심으로 자리 잡고 있음을 우리는 주목할 필요가 있다. 그럼 루터의 "독일 미사"의 예배 순서를 자세히 분석해 보자.

"독일 미사"는 마틴 부처(Martin Bucer)의 스트라스부르 예전의 영향을 받았다. 부처의 예전은 "정당화와 이유"(Grund und Ursach, 1524)에 잘 나타난다. 대략적인 순서는 다음과 같다. 먼저 예배는 고백(confession)에 대한 권고로 시작한다. 그리고 회중을 대표해서 목사가 회개의 기도를 드린 후, 용서를 위한 기도와 사죄의 선언이 함께 한다. 이어서 회중은 시편과 찬송을 함께 부른다. 계속해서 짧은 기도, 성경 봉독, 설교 그리고 신앙고백과 중보기도(intercessory prayers)가 뒤따르고, 마지막에 성찬과 강복 선언이 이어진다.

루터의 예전도 위와 유사하다. 특이할 점이 있다면, **수많은 음악 순서들이 있다는 점이다.** 예를 들면, 찬송(hymn), 독일어 시편노래(German Psalm), "퀴리에 엘레이손"(Κύριε ἐλέησον, '주여 나를 불쌍히 여기소서'라고 부르는 노래), 얀 후스의 찬송인 "예수 그리스도, 우리의 하나님 구세주"(Jesus Christ, our God and Savior), "하나님의 어린양"(Agnus Dei) 등이 있으며, 게다가 성찬의 제정사(words of institution)까지도 노래로 불렀다. 이런 음악적 풍성함은 예전 자체가 교훈적인(didactic) 딱딱함에 빠지는 것을 방지하는 효과를 가져다주었다.

---

4 Ibid., 90

루터는 자신의 예전개혁의 산물인 "독일 미사"를 확정적이고 결정적인 예전으로 사용하는 대신, "교육받지 못한 평신도를 위해 정돈된 것"으로써 제한된 가치를 지니는 것으로 간주하였다. 만약 그 예배의 순서가 남용되거나 본래의 의미를 상실할 때, "그것은 폐지되거나 다른 것에 의해 교체될 수 있다"고 말한다.[5]

이를 통해 우리는 루터가 예배의 특정 요소나 순서를 절대시하지 않고, 그것이 성경의 가르침과 교회의 상황을 벗어나 오용되거나 남용되는 것에 반대했음을 알 수 있다. 또 그의 예배신학을 통해 우리는 그가 목회적 민감성과 여유를 가지고 있었음을 알 수 있다.

---

[5] Bryan Spinks, *Luther's Liturgical Criteria and His Reform of the Canon of the Mass. Grove Liturgical Study* No. 30 (Bramcote: Grove Books, 1982), 63, 90.

<생각해 보기>

1. 루터가 '독일 미사와 예배 순서'를 작성한 이유는 무엇인가요?

2. 루터는 예전과 관련하여 기독교인의 자유 속에서 두 측면의 사용을 강조하였습니다.
   이 두 측면은 무엇인가요?

3. 루터가 예전 순서와 의식의 절대화를 반대한 배경은 무엇인가요?

4. 루터가 기독교 예배의 통일성을 중시하는 태도만큼이나 중요하다고 강조한 태도는 무엇인가요?

5. 루터는 예배의 특정 순서가 잘못 사용될 때 즉시 폐지하여야 함을 어떤 성경의 사건을 예로 들어 설명하였나요?

6. 루터의 '독일 미사'는 마틴 부처의 '스트라스부르 예전'의 영향을 받았습니다만 차이도 있습니다. '독일 미사'에서 엿볼 수 있는 예전에 대한 루터의 특징은 무엇인가요?

7. 루터는 '독일 미사'를 확정적이고 결정적 예전으로 보는 것을 반대하면서, 자신의 예전서가 어떤 가치를 지니는 것으로 간주하였나요?

07

츠빙글리의 "주님의 만찬의 활용법"

츠빙글리(Zwilgli)는 스위스 취리히(Zurich)의 종교개혁가이다. 같은 스위스 도시 제네바의 개혁가 칼빈보다는 앞선 세대의 개혁가이다. 츠빙글리도 역시 예배개혁을 중요한 과업으로 여기고 개혁파 예배의 정립에 큰 역할을 감당했다.

일반적으로 츠빙글리의 예배개혁은 루터보다 더 강력하다. 일례로 교회력의 많은 부분들과 종교적 축제일(holy days)들을 폐지하였다. 또 성구집 제도(lectionary system) 대신 성경 전체를 읽는 연속 독서(lectio continua)를 추구했다.[1] 그러나 이렇게 확실한 그도 처음에는 루터처럼 예전개혁과 사용의 문제에 대해서 보수적인 모습을 보이는데, 그 이유는 연약한 형제들을 고려했기 때문이다.[2]

---

[1] Frank Senn, *Christian Liturgy: Catholic and Evangelical* (Minneapolis: Fortress Press, 1997), 362.

[2] 예를 들면 그는 예전 의복(liturgical vestment)을 반대했으나 캐속(cassock)과 가운(gown)은 허락하였다. 캐속과 가운은 당시 성직자들이 길거리에서 입는 옷이었다. 캐속은 길고 몸에

츠빙글리는 1523년에 "미사 경본 비판"(an attack upon the canon of the Mass)을 발간하면서 미사 예식을 개혁하고자 하였다. 그는 이 글을 통해 로마 가톨릭이 사용하는 미사 전문(canon)이 희생제사 개념을 포함하여 신학적으로 부적합한 것이며, 그렇기 때문에 사용하는데 동의할 수 없다고 주장하였다. 이후 1525년 봄 취리히에서 독일어 예식을 제시하는데, 이 작품이 바로 "주님의 만찬의 활용법"(Action or use of the Lord's Supper)이다. 이 논문은 이후 츠빙글리 계열 예배의 표준이 되었다.

츠빙글리가 판단하기에 당시 사람들은 예배 가운데 사용되는 의식(ceremonies)들에 대해 너무 다양한 견해를 가지고 있었다. 그래서 그는 이 글의 서두에서 예전의 잘못된 사용으로 인한 혼동에 대처하기 위해 "가능한 적은 수의 의식과 교회적 관습"만이 허용되어야 한다고 주장한다. 그에 따르면 교회의 의식들은 "인간의 연약함" 때문에 주어진 것이다. 그러므로 예전은 우리를 위해 죽으신 "예수 그리스도를 향한 영적 기억을 향상"시키거나, "믿음의 증진"을 위해서, "형제의 사랑"과 "삶의 개혁"을 위해, 또한 "마음의 악함을 예방하기 위해" 적합하게 사용되어야 한다.

즉 츠빙글리는 예전이 성도의 신앙을 성숙시키기 위한 도구이지만, 오용될 가능성이 있기 때문에 반드시 적합하게 사용해야 한다고

달라붙는 옷이었다. 루터와 칼빈은 그것을 입었다. 그리고 루터는 예배 중에 예전적 의복들, 예를 들면, 앨브(alb), 스톨(stole), 채주블(chasuble)을 입었다. 성찬과 결혼식, 장례식을 위해선, 가운 위에 흰 색깔의 서플리스(surplice)를 입었다. 이 내용은 북미의 저명한 예배학자인 프랑크 센(Dr. Frank Senn) 박사와 8월 18일 이메일을 통해 작성하였음을 밝힌다.

주장한다. 한편으로 츠빙글리는 교회들이 이미 자신들의 목양적 상황에 따라 사용하고 있는 예전들이 있으면, 그 실천(practice)들의 차이를 비난해서는 안 된다고 언급한다.[3]

츠빙글리는 당시 행해지던 성찬이 오랫동안 하나님의 말씀으로부터 멀어진 채 남용되어 왔는데, 성찬식에 포함된 예배의 여러 요소들 가운데 하나님의 말씀에 적합한 것이 아닌 모든 것을 제거해야 한다는 강력한 주장을 제기한다. 특히 그는 성찬 안에 내포된 여러 가지 의미 중 "기념적인 것"(memorial)을 강조한다. 성찬은 예수 그리스도를 기념함으로 전능하신 하나님 앞에서 감사하고 기뻐해야 한다고 그는 주장한다.

이 논문에서 성찬의 새로운 분배 방식(mode)이 나타난다. 바로 오늘날 우리들에게 익숙한 옆으로 전달(passing)하는 방식이다.[4] 츠빙글리 이전에는 제단(altar) 앞에 나가 무릎을 꿇고 떡과 잔을 받았다. 그러나 츠빙글리가 새롭게 제시한 방식에서는, 떡의 경우 큰 덩이를 올려놓으면 각 사람이 자신이 먹을 만큼 잘라서 떼고서 또 옆 사람에게 전달하는 것이 특징이다.

더 나아가 츠빙글리는 성찬의 횟수도 언급하는데 그것은 일 년에 네 번이었다. 칼빈이 매주 성찬시행을 주장한 것에 비해(물론 이것은 반대자로 인해 제네바에서 시행되지 못했지만), 츠빙글리가 제안한 횟수는 적어 보인다. 그러나 중세 말 평신도의 상황을 생각해보자. 그들

3　Zwingli, "Action or use of the Lord's Supper," *Liturgies of the Western Church*, ed Bard Thompson (Philadelphia: Fortress Press, 1961), 150.

4　Ibid., 154.

은 잔을 받지 못하고, 어떤 때는 집전자가 성찬을 받는 것을 구경만 했다. 또 고해 제도(penance) 때문에 성찬을 받기가 더욱 어려웠다. 이전의 성찬이 연중행사 수준인 것을 고려하면, 츠빙글리의 네 번 제안도 결코 적은 것은 아니었다.[5]

이제 그가 제시한 성찬 예식의 순서를 좀 더 상세히 살펴보자.

① 목사는 사람들을 향해서 선 후 아주 크고 분명한 목소리로 기도를 드린다. 다음 고린도전서 11장 20절부터 29절을 큰 목소리로 봉독한다.
② 목사와 남자성도, 여자성도들이 찬송을 부른다.
③ 요한복음 6장 48절부터 63절 말씀을 봉독한다.
④ 사도신경으로 함께 신앙을 고백하는데, 특이한 점은 남자성도들과 여자성도들이 한 구절씩 나누어서 고백했다는 점이다.
⑤ 자신의 삶을 돌아보지 않고 함부로 주님의 몸과 피를 범하지 않도록, 성찬에 대한 경계와 설명을 한 뒤 주기도문을 한다. 재미있는 점은 무릎을 꿇고 주기도문을 했다는 점이다.
⑥ 다시 목사가 기도를 하는데, 기도의 내용 가운데 주목할 내용은 우리가 "성령에 의해" 한 몸으로 부름을 받았다는 것과 "우리의 믿음을 증진"시켜달라는 내용이다.
⑦ 드디어 "주께서 잡히시던 밤에"로 시작하는 성찬 제정사를 낭독

---

[5] 미국의 저명한 예배 역사학자인 프랑크 센(Frank Senn)은 츠빙글리에게 중요한 것은 성찬을 받는 횟수가 아니라, "회중 안에 있는 모든 사람이 함께 받는 것"이었다고 지적한다. Frank Senn, *Christian Liturgy*, 363.

한 뒤 분병과 분잔이 이루어진다.
⑧ 사람들이 모두 먹고 마신 후에 마지막으로 시편 112편을 사용하여 하나님께 감사를 드린다.

츠빙글리의 예전은 개혁교회뿐 아니라 장로교회의 예배와 성례신학에 큰 영향을 주었다. 성찬의 횟수에 대한 견해, 기념설, 성찬의 방식뿐만 아니라 예배와 예전의 많은 부분에 있어서 츠빙글리는 그 어느 개혁가들보다 한국 교회에 큰 영향을 미쳤다고 평가할 수 있다.

〈생각해 보기〉

1. 예배개혁에 있어선 루터보다 더 개혁적이었던 츠빙글리가 예전개혁과 사용의 문제에 있어선 보수적인 모습을 보인 이유는 무엇인가요?

2. 츠빙글리가 1523년 글 '미사 경본 비판'에서 로마 가톨릭이 사용하는 미사전문(canon)을 사용하는 데 동의할 수 없다고 주장한 이유는 무엇인가요?

3. 츠빙글리는 예전이 무엇을 위한 도구로 사용되어야 한다고 강조하였나요?

4. 츠빙글리가 성찬의 분배 방식으로 옆으로 전달하는 것(passing)을 제시하기 이전까지 성찬 분배는 어떤 식으로 이루어졌나요?

5. 츠빙글리는 성찬 횟수로 일 년에 네 번을 제안하였는데, 당시의 상황에서 네 번이 결코 적지 않은 이유는 무엇인가요?

6. 츠빙글리의 성찬 예식에서 주기도문 순서의 독특한 모습은 무엇인가요?

08

츠빙글리의 "세례에 대하여"

츠빙글리의 "세례에 대하여"(Of baptism)는 1524년 발타사르 후브마이어(Balthasar Hubmaier)를 비롯한 재세례파들과의 논쟁 이후 1525년 5월에 출판되었다.[1] 지난 장에서 칼빈보다 츠빙글리가 한국 교회의 성례론과 실천에 더 영향을 미쳤다고 평가했다. 그렇기 때문에 츠빙글리의 세례신학을 자세히 살펴보는 것은 오늘 한국 교회에 큰 의미가 있다.

츠빙글리는 성례가 "죄를 사해 주고 우리를 거룩하게 만드는 힘을" 지닌 것이라기보다는 "언약의 표시나 서약"을 의미한다고 주장한다.[2] 성례에 대해서 여러 가지 입장이 있지만, 대표적으로 하나님의 자기 주심(God's self-giving)을 강조하는 입장과 사람 편에서의 고백과 서약을 강조하는 입장이 있다. 츠빙글리는 후자를 강조하는 입장이다. 또

---

[1] Zwingli, "Of Baptism" in *Zwingli and Bullinger*, ed. G.W. Bromiley (Philadelphia: Westminster Press, 1953), 120

[2] Ibid., 131.

한 그는 성례론 일반을 다루면서, "표지와 상징화된 사물"은 동일시될 수 없는 다른 것임을 강조한다. 즉 표지 자체는 은혜를 담지하지 않는다는 것을 강조하며 표지(sign)와 의미(thing signified)의 구분을 시도한다.

그렇다면 그는 이 논문에서 어떤 세례신학을 추구하고 있는가?

츠빙글리는 그와 논쟁한 재세례파들이 물세례 없는 구원의 가능성을 부인하려 한다고 지적한다. 이에 그는 요한복음 6장의 말씀을 근거로, "그리스도는 친히 세례와 구원을 연결하지 않으셨고" 구원은 믿음과 관계가 있다고 주장한다. 츠빙글리는 물세례가 "신앙이 없는 경우"나 "믿음이 없는 자"들에게도 주어졌음을 다양한 사례를 통해 언급하며 "사람이 세례를 받을 때, 그가 반드시 신자가 되어야 한다고 말하는 것보다 어리석은 것은 없다"고 주장한다.

츠빙글리의 강조점은 "성령의 내적 세례"이다. 그는 십자가에 달린 살인자가 "외적인 가르침"과 "잠기는 세례"를 받지 않고도 구원받았다고 증거하는 성경의 예를 제시한다. 이에 따라 바로 구원받는데 필수적인 한 가지는 "믿음"뿐이다.[3]

츠빙글리는 물세례를 "우리를 삶으로 서약하며, 우리를 그리스도께 접붙이는 입문의 표시"라고 말한다. 우리는 세례식에서 언약의 회중 앞에 마치 군인이 충성을 맹세하듯이, 자신의 신앙을 서약하며, 새로운 공동체에 입문하게 된다. 즉 세례는 신자를 그리스도 안으로 받아들이고 인치는 가시적인 행위이다.

---

3   Ibid., 134.

그러므로 재세례파가 주장하듯 "믿음이 온전해지기 전" 집행하면 안 된다는 논리는 옳지 않다. 그에 따르면 물세례는 성령세례 없이도 주어질 수 있으며, 세례 교육마저 세례식 이후에 할 수 있다. 재세례파에 반대하여, 그는 "그리스도인의 삶은 재세례가 없어도 더 잘 살 수 있으며," "하나님의 말씀에는 재세례의 근거가 없다"고 주장한다.[4]

성례의 표지(sacramental sign)에 대해서, 일부 표시는 "믿음을 확고히 하고," "육신을 안심시키는" 어떤 좋은 것을 제공하는 것이 있음을 인정한다. 그러나 인간은 "하나님 말씀"이나 "내적 믿음"에 충분한 관심을 쏟지 않고, 표지에 맹목적인 관심을 두는 경향이 있다고 지적한다. 그는 세례가 "언약의 표시"라고 주장한다.[5] 즉 세례 자체는 그것을 받은 사람을 "의롭게" 하거나, 확고한 믿음을 주는 것은 아니다. 믿음 자체는 하나님으로부터만 주어지는 것이다.

또한 세례에 사용하는 외적 물질인 물은 "영혼의 정결에 어떠한 것도 기여할 수 없다"고 한다. 바꾸어 말하면 "어떤 물질도 양심을 정결케 할 수 없으며" 죄는 오직 "하나님을 향한 선한 양심"을 통해 사라진다는 것이다. 츠빙글리에 따르면 성례 자체는 "영혼을 깨끗하게 할 수 없다." 즉, 영혼을 구원하는 것은 외적인 요소가 아니라 "내적으로 이해하고 믿는 말씀"이다.

마지막으로 당시 주요 논쟁점이었던 유아세례에 대한 츠빙글리의 견해는 무엇일까?

---

4 Ibid., 145-146.
5 Ibid., 138.

개혁 초창기의 츠빙글리는 유아가 믿을 수 없기에 유아세례 자체가 믿음을 확증시킬 수 없다고 주장했다. 그래서 자신도 어린이들이 "분별의 나이"가 될 때까지 세례를 주지 않는 것이 좋겠다고 주장했다. 그러나 (나중에) 그는 이 주장이 오류였음을 인정하며[6] 다음과 같이 말한다.

"유아들이 성령을 소유하지 못했다는 주장"은 거짓되고 어리석다고 지적하며, 우리는 하나님이 그 선물을 "어느 때에 심어주실지, 모태에서인지, 어린 소년기인지, 노년기인지 어떻게 알겠는가?"

그는 이와 같이 반문하며 모태로부터 거룩해졌던 예레미야의 예를 든다. 그는 신앙 형성에 있어서의 하나님의 주권적인 역사를 인정한다.

또한 츠빙글리는 아이들에 대한 그리스도의 축복과 사도행전에 나타난 가정에서의 세례를 언급하면서 유아세례의 정당성을 지지한다.[7] 츠빙글리의 세례 교리는 재세례파의 유아세례 반대와 로마 가톨릭과 루터파의 "성례적 객관주의"(성례 자체의 효력을 강조하는 것)에 대항하면서 발전하게 되었다. 그래서 1530년 "세례의 성례에 관한 질문들"(1530)을 통해 세례에 관한 본질적이고 최종적인 글을 남기게 되었다.[8]

---

[6] Ibid., 139.
[7] Ibid., 149.
[8] W.P. Stephens, *Zwingli: An Introduction to His Thought* (Oxford: Oxford University Press, 1992), 92.

츠빙글리는 일반적으로 세례를 교회로의 입회의 표지, 언약의 표지로 간주하였다. 이런 견해를 통해 참여자의 서약, 교회 공동체를 강조하는 차원에서 세례신학을 발전시켜 나갔다.

〈생각해 보기〉

1. 성례를 이해하는 대표적인 두 입장은 무엇인가요? 그리고 츠빙글리는 어떤 입장에 서 있나요?

2. 츠빙글리가 볼 때 재세례파들이 가진 세례에 대한 오류는 무엇이었나요?

3. 츠빙글리가 물세례는 성령세례 없이도 주어질 수 있으며, 세례 교육도 세례식 이후에 할 수 있다고 주장한 이유는 무엇인가요?

4. 츠빙글리는 성례의 표지를 언급하면서 성례에 관한 인간의 어떠한 경향을 지적하였나요?

5. 유아세례에 관하여 츠빙글리의 견해는 어떻게 변화하였나요?

6. 츠빙글리가 유아세례의 정당성을 지지하면서 언급하였던 성경적 근거 두 가지는 무엇인가요?

09

츠빙글리의 "성찬에 대하여"

루터의 "교회의 바벨론 유수"를 살펴볼 때 언급했듯이 성찬론은 중세 로마 가톨릭 체계(System)의 핵심적인 자리에 위치했다. 제프리 브로밀리(Geoffrey Bromiley)는 다음과 같이 지적한다.

"종교개혁 이전에 교회를 괴롭힌 많은 무지와 미신의 근원이 성찬론이다."[1]

중세 가톨릭이 강조했던 성찬의 희생제사적 성격, 화체설, 성체 숭배 등이 대표적인 사례이다. 츠빙글리는 당시 로마 가톨릭의 화체설은 비성경적이며, 루터파의 공재설은 "비논리적이고 자기 모순적"이라고 판단하였다. 그래서 그는 1526년에 "성찬에 대하여"(On the Lord's Supper)를 작성했다. 특이하게도 그는 라틴어가 아닌 독일어로 작성했다. 이것은 분명 츠빙글리가 보다 많은 교회의 독자들에게 다

---

1 Geoffrey Bromiley, "On the Lord's Supper: Introduction," in *Zwingli and Bullinger* (Philadelphia: The Westminster Press, 1953), 177.

가가고자 한 시도이다.[2]

첫째, 츠빙글리는 성찬론을 개진하기 이전에 성례가 무엇인지 설명한다.

츠빙글리에 따르면 "성례는 거룩한 일의 표지"이며 "표지와 그것이 가리키는 것은 동일한 것이 될 수 없다"고 주장했다. 이런 관점에서 그는 요한복음 6장의 "이것은 내 몸이다"라는 말씀을 설명한다. 즉 그는 "–이다"라는 단어를 문자적으로 받아들이는 화체설과 공재설을 비판한다. 만약 문자적으로 "–이다"의 의미를 받아들이면, 그리스도의 몸이 성찬식 가운데 "가시적으로, 문자적으로 육신적으로, 지각할 수 있는 방식"으로 있어야 한다고 보았다.

츠빙글리는 강하게 반문한다.

"그리스도의 몸을 지각할 수 있게 잡은 사제가 어디 있는가?

몸이 진정으로 거기에 있다면, 어떻게 사제들이 그것을 들어 올릴 수 있는가?"

그런 식의 주장은 "불가피하게 그리스도가 문자적으로 거기에 있다고 주장해야 하며, 따라서 그분이 쪼개지고 이빨로 씹힌다"고 주장하는 오류를 범한다고 지적한다.[3]

츠빙글리는 비유적이고 상징적인 관점에서 성찬을 해석한다. 그는 우리가 빵과 포도주의 표징들을 받을 때 믿음이 중요하며, 그분을 믿고 표징들을 받는 자만이 "그분을 양식으로 먹는다"고 주장한다. 만약 수찬자들이 예수님을 믿는다면, "이미 그분에게 참여한 것"이기

---

2 Ibid., 178.
3 Zwingli, "On the Lord's Supper," in *Zwingli and Bullinger* (Philadelphia: The Westminster Press, 1953), 188–194.

때문에, 수찬자들은 "그리스도의 몸을 씹을 '이'나, 씹은 것을 받을 위가 필요 없다"고 말한다.

츠빙글리는 "내 살을 먹고 내 피를 마시는 자마다 영생을 가졌고"라는 말씀과 "나를 믿는 자는 영생을 가졌나니"라는 본문의 말씀이 바로 "그분의 살을 먹는 것과 그분을 믿는 것은 동일한 것"임을 보여 준다고 주장한다. 그는 "영혼의 생명에 필요한 어떤 것으로 행하지 않는다면," "살에 참여한다는 것" 자체는 유익을 주지 못한다고 주장한다.[4] 즉 "내 살을 먹고 내 피를 마시는 자는 영생을 가졌다"는 말씀은 실제로 몸과 피를 먹어서가 아니라 주님께서 "세상을 위해 죽음에 내어짐으로" 성도들에게 주어지는 "영혼의 양분과 위로"라고 이해되어야 한다는 것이다. 츠빙글리는 빵과 포도주 자체는 "그리스도의 몸과 피의 표상 이상"은 아니라고 본 것이다. 그러므로 그는 "이것은 내 몸이다"에서 "-이다"를 "의미하다"(signifies)로 해석한다.[5]

둘째, 츠빙글리는 그리스도의 편재 개념에 대한 논의를 한다.

루터파는 그리스도의 몸이 편재한다는 개념에 근거해서 그들의 공재설(화체설과 달리 그리스도의 몸과 피가 빵과 잔의 위에, 아래에 함께 병존한다는 개념)을 개진했다. 루터의 견해는 초대 교회 신학자들의 "속성의 교류"(communicatio idomatum)라는 가르침에 근거한다.[6] "그리스도의 신성한 본성의 편재는 그의 인간적인 본성과 공유되어서, 그리

---

4   Ibid., 195-199.
5   Ibid., 206.
6   W.P. Stephens, *Zwingli: An Introduction to His Thought* (Oxford: Clarendon Press, 1992), 101.

스도가 영적으로 임재할 때마다, 그는 또한 육체적으로 임재할 수 있다"는 것이다. 반면에 츠빙글리는, 편재가 그리스도의 신성에만 해당한다고 주장한다. 츠빙글리는 루터가 두 본성(신성과 인성)을 혼동하고 있다고 보았다. 그는 주님께서 몸으로는 우리를 떠나셨고(마 26장), 하나님 아버지 오른편에 앉아 계시며(막 16장), 마지막 날 다시 오실 때까지 거기에 앉아 계신다고 성경을 해석한다. 그래서 그의 해석에 따라 "그분의 살과 피가 성례 안에 현존한다고 주장하는 것은 불가능함"을 주장한다.[7]

즉 츠빙글리는 그리스도의 "몸의 문자적인 임재에 대한 가능성"을 반대한다. 그러나 이것을 두고 츠빙글리가 성찬에 있어서 그리스도의 "실재적 부재"를 주장했다고 말할 수는 없다. 츠빙글리는 그리스도의 임재를 믿었지만, "육체적 임재"나 "인성의 임재"를 믿지 않은 것이다. 예를 들어 그는 그리스도의 몸과 피를 언급하지만, "믿는 영혼을 위한 음식"으로서 그것을 언급한다.

나아가 1530년에 작성한 "신앙에 대한 해설"(An Exposition of the Faith)에서 "우리는 그리스도가 성만찬에 실재로 임재한다고 믿으며, 실로 그리스도가 임재하지 않는다면 그것이 주님의 만찬이 아니라고 믿는다"라고 주장한다. 그러면서, 그리스도의 몸이 "참되고, 성례전적(sacramental)이며, 신비적으로 임재한다"는 것을 부인하지 않았다고 말한다.[8] 여기서 "성례전적"이라는 단어가 흥미로운데, 츠빙글리는 몸

---

7 Zwingli, "On the Lord's Supper," 213-216.
8 W.P. Stephens, *Zwingli: An Introduction to His Thought*, 105-6.

이 "성례전적"으로 임재하기 때문에, 우리가 "성례와 함께 마음과 영으로 그리스도의 몸을" 먹는다고 설명한다. 그러나 믿음이 없이는 우리가 성례전적으로 먹을 수 없다고 지적한다.

츠빙글리의 신학적 기초는 "하나님의 주권에 대한 강조"였다. 하나님은 성례에 묶이시지 않는다. 외적인 성례 자체는 효력을 담지 하지 않고 있으며, 하나님의 도구일 뿐이다. 구원은 그리스도의 내적 행위에 달려 있다. 이러한 신학적 입장은 츠빙글리의 작품 속에서 "하나님에 대한 믿음이 성례에 대한 믿음"으로 대체되는 것을 지속적으로 경계하는 것으로 나타났다.

〈생각해 보기〉

1. 제프리 브로밀리(Geoffrey Bromiley)는 종교개혁 이전에 교회를 괴롭힌 무지와 미신의 많은 부분이 어디에서 비롯되었다고 지적하나요?

2. 츠빙글리는 성례를 설명함에 있어서 거룩한 일과 표징의 관계를 어떻게 설명하나요?

3. 츠빙글리는 성찬을 해석함에 있어서 요한복음 6장의 '-이다'를 어떻게 해석하였나요?

4. 루터의 공재설은 어떤 가르침에 근거하나요?

5. 츠빙글리는 루터의 공재설을 반박하며 그리스도의 편재가 어디에만 해당한다고 주장하였나요?

6. 츠빙글리가 성찬에 있어서 그리스도의 '실재적 부재'를 주장했다는 견해는 타당한 것인가요?

10

마틴 부처의 예배개혁

마틴 부처(Martin Bucer, 1491-1551). 필자는 그가 종교개혁가들 중 업적과 영향력에 비해 지금껏 가장 저평가된(unsung hero) 개혁가가 아닐까 생각한다. 부처는 유럽 대륙과 잉글랜드의 종교개혁가들과 교제하며 서로 영향을 주고받았다. 특히 그는 "예배의 문제"에 있어서 간과할 수 없는 높은 위상을 지닌 인물이다.

잠시 부처에 대해 살펴보자.

이름난 개혁가 칼빈이 제네바에서 축출되어 스트라스부르로 피난 간 시절(1538-1541), 그곳의 독일어권 회중 담임목사가 다름 아닌 마틴 부처였다. 당시 스트라스부르는 독일의 가장 영향력 있는 도시 중의 하나였다. 상업의 요충지였을 뿐만 아니라, 정치적으로도 중요한 곳이었다. 뿐만 아니라 프란치스코, 도미니코, 어거스틴 수도회 등의 수도원들이 이전부터 자리 잡아 로마 가톨릭이 도시에 큰 영향력을 끼치고 있었다. 하지만 스트라스부르는 독일의 가장 중요한 출판 센터가 위치하고 있어서 오히려 종교개혁 정신이 퍼져나가는 중요한

거점지역이기도 했다.¹

  부처는 스트라스부르에서 프랑스어권 회중을 담임한 칼빈에게 영향을 주었다. 특히 예배개혁에 큰 영향을 주었다. 저명한 예배역사학자인 바드 톰슨(Bard Thompson)은 칼빈이 부처의 '스트라스부르 예전'(Strassburg rite)을 토대로 자신만의 예전을 발전시켜나갔다고 평가한다.² 즉 칼빈의 예전신학과 실천에서 부처의 영향은 우리 생각보다 더 크다.

  1546년 슈말칼텐 전쟁의 참패로 개신교 동맹 중 하나였던 스트라스부르는 로마 가톨릭으로부터 굉장히 큰 종교적 압박과 탄압을 받게 되었다. 이런 상황 속에서 부처는 비텐베르그, 베른, 제네바, 코펜하겐 등에서 망명 초청을 받았다. 하지만 그가 선택한 곳은 잉글랜드였다. 1549년 잉글랜드의 종교개혁을 이끌었던 캔터베리 대주교 토마스 크랜머(Thomas Cranmer)의 초청에 응해 부처는 도버해협을 건너가 캠브리지에 거주하였다. 이후 그는 크랜머가 주도한 잉글랜드의 예배개혁에 힘을 보태었고, 1551년 2월 28일 생을 마감할 때까지 2년 동안 캠브리지대학교에서 왕립 교수로서 후학들을 가르쳤다.³ 그는 예배와 관련해서 잉글랜드 종교개혁의 산물인 『공동기도서』(Book of Common Prayer)에 대한 개인적인 평가를 담은 글인 "기도서 비

---

1 Ottomar Frederick Cypris, *Martin Bucer's Ground and Reason: A Commentary and Translation* (Yulee, FL: Good Samarian Books, 2017), 4.

2 Bard Thompson, *Liturgies of the Western Church* (Philadelphia: Fortress Press, 1961), 166.

3 Ottomar Frederick Cypris, *Martin Bucer's Ground and Reason*, 1.

평"(Censura)을 남겼다.[4]

본서 11장부터 18장까지 마틴 부처의 예배개혁의 내용들을 다루고자 한다. 살펴볼 주된 논문집은 부처의 예전적 저작인 『근거와 이유』(Grund und Ursach)로 선정하였다. 한국에 아직 소개되지 않은 이 책을 두고 독일 신학자 율리우스 스멘트(Julius Smend)는 종교개혁 시대에 출판된 예배신학 저술들 가운데 가장 중요한 저작이라 평가했다.[5]

이 책은 1524년 12월 26일 스트라스부르에서 출판되었다. 대상은 부처가 궁정 설교가로 일 년간 섬겼던 팔츠의 제후 프리드리히에게 보낸 것이다. 당시 스트라스부르에는 로마 가톨릭과 개혁파의 대립뿐만 아니라 급진적 개혁을 추구했던 칼슈타트(Karlstadt)의 잘못된 가르침 등이 난무했다. 그 결과 성도들은 예배에 대해 큰 혼란을 겪고 있었다.

이런 신학적, 실천적 상황에 따라 부처는 예배개혁과 관계있는 첨예한 논쟁거리들을 한 책 안에 정리해야 할 필요성을 느꼈다. 그래서 이 책의 중요한 목적은 당시 스트라스부르에 새로 도입된 예배개혁들에 대한 공격을 방어하고 정당화하는 것이었다. 그리고 그가 변호

---

[4] Martin Bucer, *Martin Bucer and the Book of Common Prayer* (Great Wakering, England : Mayhew-McCrimmon, 1974).

[5] Ottomar Frederick Cypris, *Martin Bucer's Ground and Reason*, Preface를 보라. Grund und Ursach에 대한 최고의 해설서는 다음을 보라. Julius Smend, *Die evangelischen deutschen Messen bis zu Luthers Deutscher Messe* (Göttingen : Vanderhoeck, 1896), 147-150.

하는 예배개혁의 기초가 성경이라는 것 또한 설명해야 했다.[6]

이 책은 총 12장이다. 각 장별 제목은 다음과 같다.

1장 "성찬의 개혁에 대하여"
2장 "성찬의 명칭에 대하여"
3장 "성찬은 희생제사의 방법이 아니라 그리스도의 죽음을 기념하는 것으로 행해져야 한다는 것에 대하여"
4장 "성찬에 있어서 거양성체(elevation)를 폐지하는 이유에 대하여"
5장 "로마 가톨릭의 의복들을 없애버려야 하는지에 대하여"
6장 "왜 사제들의 제스처와 기도들이 폐지되거나 바뀌었는지, 왜 제단(altar)이 성찬상(table)으로 바뀌었는지에 대하여"
7장 "왜 성찬은 회중 앞에서 주일에만 거행해야하는지에 대하여"
8장 "현재 성찬이 시행되는 방식에 대하여"
9장 "세례에 대하여"
10장 "왜 성일(Holy Days)들이 폐지되었는지에 대하여"
11장 "왜 성화(image)들이 폐지되어야 하는지에 대하여"
12장 "교회 안에서의 찬송과 기도들이 왜 변화되었는지에 대하여"

여기에 나오는 열두 개 주제들은 당시 종교개혁가들과 신학자들, 성도들에게 큰 영향을 미쳤다. 하지만 여전히 오늘날 21세기를 살아가는 우리들에게도 주는 신학적, 실천적 메시지가 있다. 특히 예배개

---

6 Ottomar Frederick Cypris, *Martin Bucer's Ground and Reason*, 17-22.

혁에 있어서 하나님 말씀의 중심성과, 믿음이 약한 형제들을 배려해 예배개혁의 속도와 강도를 조절하는 것은 우리에게 큰 의미가 있다. 또 외부적 문제보다 내면적이고 영적인 예배를 추구하는 등의 내용은 우리의 예배개혁의 원리를 점검하는 데 큰 도움이 된다. 그렇기 때문에 각 장의 내용들을 살펴보면서 부처가 어떤 차원과 이유, 그리고 어떤 성경적 근거로 로마 가톨릭과 차별화된 예배의 개혁을 주장하는지 살펴보도록 하자.

〈생각해 보기〉

1. 부처 당시 스트라스부르가 종교개혁 정신의 주요 거점이 될 수 있었던 원인은 무엇인가요?

2. 슈말칼텐 전쟁의 참패로 스트라스부르가 로마 가톨릭에게 종교적 압박을 받게 되자 부처는 누구의 초청으로 1549년 영국 캠브리지에 정착하게 되나요?

3. 독일 신학자 율리우스 스멘트(Julius Smend)가 종교개혁 시대에 출판된 예배신학 저술들 가운데 가장 중요한 저작이라 평가한 부처의 글은 무엇인가요?

4. 부처가 예전적 저작을 출판하게 된 당시의 배경은 무엇인가요?

5. 부처의 예배개혁이 오늘날 우리에게 주는 교훈은 무엇인가요?

11

마틴 부처의 『근거와 이유』 1
"성찬의 개혁에 대하여"(1-3장)

마틴 부처는 그의 책 첫 부분에서 로마 가톨릭에서 시행하는 성찬의 어떤 점들이 잘못되었는가를 지적한다. 종교개혁가 부처의 눈에 비친 그들이 시행하는 성찬의 가장 큰 문제는 "희생" 개념이었다. 그들은 성찬을 행할 때, 그리스도의 몸과 피가 가진 희생의 유익이 산 자와 죽은 자들에게 주어진다고 주장하였다. 그래서 사제들은 이 희생을 가시적으로 나타내기 위해서 거양성체(elevation, 빵과 잔을 높이 드는 제의적 행동)를 행했다.

그리고 부처는 미사를 집례하는 사제들이 입고 있는 의복 또한 마치 유대교나 이교도들의 제사장 의복과 유사하다고 주장했다. 부처는 담대한 필치로 사제가 미사 속에서 예수님을 희생제물로 드린다고 믿는 것은 우리의 구원자이신 그리스도를 모욕하는 것이라고 주장한다.[1]

---

[1] Ottomar Frederick Cypris, *Martin Bucer's Ground and Reason*: *A Commentary and Trans-*

부처는 우리의 예배 실천(practice)이 하나님의 말씀에 근거해야 한다는 원칙을 제시하며 성경적 타당성을 가지지 못한 것은 인간적인 첨가물이며 마땅히 제거해야 한다고 말한다. 그러므로 잘못된 희생의 개념을 가르치는 미사(Mass)라는 이름보다, 그리스도의 죽음을 기념하는 것으로서의 주님의 만찬(Lord's Supper)이라는 용어를 사용해야 한다고 주장한다. 의복에서도 희생제사적 의미를 주는 의복인 앨브(alb), 스톨(stole), 채주블(chasuble)과 같은 것을 입어서는 안 되며 또 하나님의 말씀의 지지를 받지 않는 인간이 고안한 특정 몸짓들을 예식 중에 사용해서는 안 된다고 주장한다.[2]

"성찬의 명칭에 대하여"라는 두 번째 장에서 부처는 어떤 이름이 성찬 예식의 정당한 이름인가에 대한 논의를 개진한다. 당시에 로마 가톨릭은 미사라는 이름이 '공로로서의 의무적인 선물'이라는 의미와 '희생제물'이라는 의미를 지닌 히브리어 어근 Mas에서 왔으며 그것이 신명기 16장 1-17절에서 사용되었다고 주장했다. 이에 대해, 부처는 헬라 교부들이나, 키프리아누스(Cyprianus)나 히에로니무스(Hieronymus) 같은 라틴 교부들도 그런 단어를 사용하지 않았기 때문에 히브리어에서 왔다는 주장에 반대했다. 오히려 제정하신 예수님께서는 그것을 주님의 만찬이라고 부르셨기 때문에 우리는 성경에 나타난 명칭 그대로를 사용하는 것이 적합하다고 주장했다.[3]

부처는 성찬 명칭에 대한 과도한 논쟁을 피하기를 권고한다. 하지

---

lation (Yulee, FL: Good Samarian Books, 2017), 87.
2　Ibid., 88.
3　Ibid., 92.

만 미사라는 이름이 '성찬은 하나님께 어떤 것을 희생하여 제물로 드리는 것'이라는 잘못된 의미를 부여할 수 있기 때문에 근거 없는 미사 용어 대신 오히려 고린도전서 11장 20절에서 사용된 "주님의 만찬"이라는 용어를 써야 한다고 주장한다.[4]

세 번째 장에서 부처는 "성찬은 희생제사의 방법이 아니라 그리스도의 죽음을 기념하는 것으로 행해져야 한다는 것에 대하여" 주장한다. 특히 그는 고린도전서 11장 23-25절의 말씀을 근거로 희생 개념에 대해 반대한다. 그에 따르면 성경에 주님이 명령하신 것은 두 가지이다.

첫째, 빵을 먹고 잔을 마시라는 것이고,

둘째, 주님을 기억함으로 이것을 행하라는 것이다.

그는 이 본문에서 주님은 '희생'에 대해 전혀 언급하지 않으셨다고 주장한다.[5]

더 나아가 그는 성경에 나타난 희생의 개념은 예수 그리스도께서 십자가에 달리신 단번의 희생(once for all)이며, 그것이 택자(the elect)들을 위해 충분한 것이라 주장한다. 그래서 사제가 집례하는 미사에 의해서 매일 수천 번씩 주님의 몸이 희생되어야 한다는 주장은 성경적이지 않다고 지적한다. 즉 부처가 판단하기에 로마 가톨릭의 성찬 이해와 실천은 예수님을 매일 십자가에 못 박고 고통을 당하시게 하는 것과 다름없다는 것이다.

---

4 Ibid., 93.

5 Ibid., 93-94.

그는 이것만큼 주님 앞에 불경한 것이 어디에 있겠느냐고 반문한다!

그리고 다음의 두 말씀을 결정적인 근거구절로 제시한다.[6]

> 오직 그리스도는 죄를 위하여 한 영원한 제사를 드리시고(히 10:12).

> 그가 거룩하게 된 자들을 한 번의 제사로 영원히 온전하게 하셨느니라 (히 10:14).

부처는 이교도의 희생제사와 성찬 간의 유사성과 차이점에 대해서 논한다. 이교도의 희생제사에도 그들의 신을 섬기는 경배의 행위와 서로 식사하고 기쁨으로 교제를 새롭게 하는 의식이 있다. 성찬에도 찬양과 감사가 있으며 거룩한 음식과 음료를 나눈다. 그리고 성도들은 영적이고 영원한 언약을 갱신한다. 그러나 기독교의 성찬은 매번 희생제물을 바치는 이교도들과 달리, 하나님께 우리 자신을 제외하고는 어떤 것도 희생제물로 드리지 않는다. 단지 우리는 우리를 위해 단번에 자신을 드리셨으며, 영원한 가치를 가진 그리스도의 희생을 기억(recall)할 뿐이다.

이렇게 함으로서 우리는 그리스도의 죽음을 선포하며 그에게 찬양과 영광을 드리며 성도들을 사랑과 선행을 행하기를 격려한다. 왜냐

---

6 Ibid., 97.

하면 우리는 그리스도 안에서 한 빵이며 한 몸이기 때문이다.[7]

정리하자면 부처는 사람이 성찬을 통해 예수님을 하나님께 "희생 제물"로 바친다고 하는 로마 가톨릭의 주장에 반대했다. 오히려 성찬은 우리들의 부서진 영과 통회, 자복하는 심령으로 하나님께 드리는 찬양의 제사라고 부처는 주장한다.

---

[7] Ibid., 100-101

〈생각해 보기〉

1. 종교개혁가 부처의 눈에 비친 로마 가톨릭 성찬의 가장 큰 문제는 무엇이었나요?

2. 로마 가톨릭의 거양성체(elevation)는 무엇이며, 어떤 의미로 행해진 의식이었나요?

3. 부처는 교회의 예배 실천(practice)이 어디에 근거해야 하며, 이것에서 벗어나는 것은 어떻게 해야한다고 말하였나요?

4. 부처는 로마 가톨릭의 미사(Mass)가 어디에 유래되었다고 보았나요? 그리고 무엇으로 부르는 것이 더 적합하다고 주장하였나요?

5. 부처는 성경 어느 구절에 근거하여 성찬의 희생 개념을 반대하였나요?

6. 부처는 기독교의 성찬이 이교도의 희생제사와는 어떤 차이를 보인다고 설명하였나요?

12

마틴 부처의 『근거와 이유』 2
"거양성체"와 "로마 가톨릭 제의 폐지"를 주장한 이유(4-5장)

"거양성체"(elevation).

이것은 사제가 성찬 집례 중에 빵과 잔을 들어 올리는 의식을 말한다. 로마 가톨릭의 성찬과 떼려야 뗄 수 없는 의식이다.

마틴 부처는 왜 거양성체를 폐지했을까?

그것은 거양성체의 행동 안에 내포된 희생제사의 의미 때문이었다. 외부적 행동 차원에서 그것을 살펴보면 사제는 마치 그리스도의 몸과 피를 희생하는 듯 빵과 잔을 들어올린다. 물론 꼭 그렇게만 이해할 수 있냐고 반문할 수도 있다. 하지만 사제가 낭독하는 기도문의 내용과 전후 순서에서 사제가 말하는 내용들이, 그리스도가 이 예식 속에서 희생제물이 되어 하나님께 드려지는 것으로 언설한다. 이에 따라 부처는 문제성을 느끼고 네 번째 장에서 "성찬에 있어서 거양성체를 폐지하는 이유에 대하여" 논증하고 있다.[1]

---

1 Ottomar Frederick Cypris, *Martin Bucer's Ground and Reason*: *A Commentary and Trans-*

사실 부처도 레위기를 비롯한 구약성경에 언급되는 여러 제의적 행동을 알고 있었다. 그러나 그가 보기에 로마 가톨릭의 의식은 이교도의 예식을 따랐을 뿐 아니라 과도하게 인간적인 첨가물이 삽입된 것으로 보았다. 초에 불을 피우는 것, 많은 행진들, 축제들, 사제의 삭발, 기괴한 의복들이 대표적이다.

더 나아가 부처는 세레모니(ceremony)와 여러 제의적 행동에 대한 논의를 계속하는데, 그가 보기에 세레모니와 제의적인 행동은 믿음의 본질적인 요소가 아니라 외부적인 문제(external matter)였다. 그는 성경에서 보여주듯이 그런 의식 자체의 행함으로는 유익이 없으며, 과도하게 그것을 의지할 때는 오히려 신앙생활에 해롭다고 지적한다.

물론 부처 자신도 믿음이 연약한 형제들의 상황을 이해하기 때문에 당시 사용되고 있던 의례 자체를 단번에 없애자고 말하지는 않는다. 그는 믿음이 연약한 형제들이 예수 그리스도를 보다 깊이 알고 말씀을 배우기 전까지, 성숙한 형제들이 예배 속에서 어느 정도의 의식을 시행하는 것에 대해 인내해야 한다고 설명한다. 그러나 그리스도가 다시금 희생되는 것을 가시적으로 보이는 표지이며, 모독적인 잘못을 저지르고 있는 거양성체는 없애야 한다고 단호하게 주장한다. 그는 인간의 고안물들을 폐지할 때 비로소 예수 그리스도 안에서의 신뢰를 증진시킬 수 있음을 역설한다.[2]

부처가 추가로 지적하는 거양성체의 잘못은 바로 로마 가톨릭의 화

---

lation (Yulee, FL: Good Samarian Books, 2017), 102-103.

2   Ibid., 104

체설과 결부되어 성찬에 참여하는 성도들이 빵과 잔이 올라갈 때, 사람들이 그것을 하나님의 육체적인 임재가 있는 것처럼 여기며 또 빵과 잔 자체를 하나님과 그리스도로 예배하는 데 있었다. 부처가 생각하는 성찬의 핵심은 "나를 기념하라"(in remembrance of me)에 있었지, 물체 자체의 변화를 설명하고 신심을 북돋는 데 있지 않았다.[3]

부처는 다섯 번째 장에서 "로마 가톨릭의 제의(祭衣)들이 폐지되어야 하는지에 대해서" 논한다. 그는 로마 가톨릭의 의복들이 이교도적 기원을 가지고 있으며, 성경에는 그것을 결코 가르친 적이 없다고 주장한다. 그는 사제들이 그 의복들을 입으면서, 스스로 평신도들보다 더 거룩하거나 낫다고 여긴다고 지적한다. 무엇보다 이 의복들은 사제들이 그리스도를 희생제물로 희생한다는 관념과 하나님을 움직인다는 잘못된 관념으로 성도들의 믿음에 해악을 끼친다고 비판한다.

이에 반대하며 부처는 외부적인 요소 자체에는 어떠한 효력을 담지하고 있지 않으며, 마음이 담긴 신앙 자체가 하나님 앞에 가치 있는 것임을 역설한다. 그는 모세오경에 나타난 대제사장의 의복의 사용을 예로 들며, 의복 사용의 정당성을 역설하는 사람들에 대항하여 골로새서 2장 17절의 말씀을 인용하며, 그것들은 장래일의 그림자에 불과한 것이며, 우리는 그리스도의 참 몸을 가지고 있다고 주장한다. 새 시대를 살아가는 신자에게는 물질적인 규정에 집착할 필요가 없다는(갈 4:8-9; 골 2:8, 16) 것이다.[4]

---

3 Ibid., 112-113.
4 Ibid., 121-124.

이 그림의 제목은 "Martin Luther Preaching, from the Altarpiece of the Church of Torslunde, 1561" 이다.
이 그림 속에서는 위에서 설명한 다양한 종류의 예전적 의복들이 나타난다. 그림 속에서 루터는 가운(gown)을 입고 설교하고 있고, 집례자(minister)는 채주블(chasuble)을 입고 성찬을 집례하고 있다. 그리고 유아 세례를 받고 있는 아이는 서플리스(surplice)를 걸치고 있다.
<출처: https://commons.wikimedia.org/wiki/File:Martin_Luther_Preaching_to_Faithful_(1561).jpg (accessed July 19)>

분명히 구약성경에는 다양한 의복 규정들이 나온다. 그러나 부처는 그것은 하나님의 명령에 의해 주어진 것이며 아론과 그의 후손들만 입었음을 분명하게 말한다. 부처는 의복을 주장하는 로마 가톨릭은 규정을 하나님으로부터 받지 않았으며 자격이 없는 자들이 스스로 사제라 선포하면서 복식 규정이 생긴 것이라 주장한다. 그는 유대인들의 의복들은 물질적이고, 일시적인 것이지만, 그리스도를 믿는

우리는 영적이고 영원한 것을 추구해야 한다고 주장했다.

아론과 그의 후손들은 일시적인 복장으로 물질적인 성소에 가서 물질적인 방법으로 희생을 드렸다. 그러나 우리들은 이제 영적이고 영원하며, 구원의 옷을 입으신 대제사장, 자신을 단번에 희생하셔서 모든 성도들을 완전케 하신 분을 가진다. 그렇기 때문에 더 이상 물질적인 장식품은 필요하지 않다고 보았다. 무엇보다 부처는 주님과 제자들이 주님의 만찬 때 일상적인 옷을 입으셨음을 지적한다. 주님께서도 그러셨는데 "왜 우리가 그렇게 화려하고 과한 의복을 착용할 수 있겠는가"라고 반문한다.[5]

마틴 부처는 『근거와 이유』 4-5장을 통해 신앙생활의 외부적인 요소들, 즉 의례와 의복, 제의적 행동과 같은 것들이 그 자체에 효력을 담지하고 있지 않다고 주장했다. 오히려 우리의 마음과 진심이 담긴 신앙 자체가 중요한 것임을 강조하였다.

---

[5] Ibid., 125.

〈생각해 보기〉

1. 마틴 부처가 거양성체를 폐지한 이유는 무엇인가요?

2. 부처는 세레모니와 제의적인 행동을 믿음의 본질적인 요소가 아닌 무엇으로 보았나요?

3. 부처가 의례 자체를 단번에 없애자고 주장하지 않은 이유는 무엇인가요?

4. 부처는 모세오경의 대제사장 의복을 예로 들며 사제의 의복 사용에 정당성을 주장하는 사람들에게 어떻게 대응하였나요?

5. 부처는 그의 책에서 의례와 의복, 제의적 행동보다 무엇이 더 중요하다고 강조하였나요?

13

마틴 부처의 『근거와 이유』 3
"왜 사제들의 제스처와 기도들이 폐지되거나 바뀌었는지, 왜 제단이 성찬상으로 바뀌었는지에 대하여"(6장)

로마 가톨릭의 예배서에는 다양한 예배 상황에 따라 사용할 기도문들이 적혀져 있다. 그런데 이 예배서 안의 기도문과 미사경문(canon)은 때때로 성경의 가르침과 맞지 않고 잘못된 신학적 영향을 미치는 오류를 내포하고 있었다. 부처는 츠빙글리가 작성했던 "수정된 미사 전문"(De canone missae epicheresis, 1523)이 이런 오류들을 잘 지적하고 있다고 설명한다.[1]

당시 로마 가톨릭의 미사에서는 다양한 제스처들, 예를 들어 절하기, 십자가 표시를 하기, 키스, 가슴을 치기, 손을 들어 올리고 내리기, 사람들로부터 돌아서거나, 사람들을 향하기 등이 사용되고 있다고 부처는 지적한다. 그리고 또 로마 가톨릭은 만약 이것들을 순서에서 빼먹거나 정해진 방법대로가 아닌 잘못된 방법으로 실행하면 그

---

1 Ottomar Frederick Cypris, *Martin Bucer's Ground and Reason: A Commentary and Translation* (Yulee, FL: Good Samarian Books, 2017), 126.

것을 끔찍한 죄로 여긴다고 부처는 말한다.

이러한 이유로 많은 젊은 사제들은 제스처들을 완전히 익히기 위해 엄청난 노력을 했다. 그리고 그것들을 능숙하게 잘 시행하는 사람들은 경건하고 영적인 사제로 간주되었고, 많은 성도들의 사랑을 받았다. 또 성도들은 우수한 사제가 집례하는 예배를 드리기 위해 심지어 사적으로 돈까지 지불했다.

부처는 이런 현실을 비판했다. 이것은 성경의 가르침에 반하는 것이며, 하나님의 호의를 얻기 위한 우스꽝스러운 퍼포먼스라고 비난한다. 부처는 위와 같은 것은 요한복음 4장 24절 말씀에 정면으로 반하는 것이라고 비난한다.

> 하나님은 영이시니 예배하는 자가 영과 진리로 예배할지니라(요 4:24).

하나님의 뜻과는 반대로 그들은 위선적인 행위와 마음이 떠난 예배로 하나님을 조롱하고 있다고 지적한다.[2]

사실 내적인 사랑과 통회함의 외적인 표현은 때때로 밀접한 관계를 가지기도 한다. 그러나 부처는 하나님을 향한 사랑과 경배로 가득찬 마음이 우선할 때야 비로소 우리는 외적 제스처 속에서의 의미를 발견할 수 있다고 주장한다. 반대로 어떤 특정 제스처를 규정하여 내면적 감정을 표현하는 규칙은 그것을 규정하기가 애매하다. 때때로 그것은 하나님을 향한 사랑과 진정한 통회를 수반하지 않을 수 있기 때문이다.

---

2   Ibid., 127.

그러므로 이러한 외적 제스처에 대한 로마 가톨릭의 규정은 성도들로 하여금 위선적이고 신성모독적인 행위로 이끌 때가 많다고 부처는 날카롭게 지적한다. 부처는 이사야 1장 15절의 말씀을 인용한다.[3]

> 너희가 손을 펼 때에 내가 내 눈을 너희에게서 가리고 너희가 많이 기도할지라도 내가 듣지 아니하리니(사 1:15).

부처는 미사 속에서의 다양한 행동들과 제스처들이 3가지 측면에서 신앙에 해롭다고 평가한다.

첫째, 제스처를 하는 사제들은 여러 가지 예식 속에서 규정된 행동을 취하기 때문에 하나님이 특별한 호의를 베푸신다는 그릇된 확신을 가지게 한다는 점이다.

둘째, 사제들의 신앙 양심이 외부 규정과 요소들에 얽매이게 된다는 점이다.

셋째, 마음이 떠난 공허한 행동들은 하나님을 조롱하고 하나님께 잘못하고 있는 것인데, 이것을 두려워하지 않는다는 점이다.[4]

부처는 또 한 가지의 사례를 더 든다. 바로 십자 성호를 긋는 행위이다. 로마 가톨릭은 터툴리안(Tertullianus, 150-225)의 기록에 따라 십자 성호를 이마에 긋는 것이 초기 교회에 일반적인 행위였다고 주장한다. 그래서 이것을 근거로 생활 속에서뿐만 아니라 예배의 순서에

---

[3] Ibid., 128.
[4] Ibid., 129.

서도 십자 성호를 그었다. 물론 초창기에 그것은 예수 그리스도의 죽음을 보다 잘 기억하기 위해서, 그들이 죄로부터 사함을 받았다는 것을 기억하기 위해서 사용되었다. 그러나 점차 사람들은 기억이 아니라, 그 행위 자체에 특별한 능력이 있다고 오해하며 미신적인 의미를 부여하기 시작하였다. 심지어 그것을 생활 속에서 열심히 행하지 않을 때 두려움을 느끼기도 했다. 이런 미신적인 것들이 더 큰 잘못을 낳았다. 결국 사람들은 십자가의 진정한 의미를 망각한 채 행위에 집중하고 말았다.

이런 잘못된 실천(Practice)에 반대하여, 부처는 표지(sign)는 표지이며, 표지로 남아야 한다고 비판한다. 그는 결코 표지가 그것이 의미하는 바와 동일하다고 받아들여서는 안 된다고 주장한다. 십자 성호에 대해선 그것이 성경 말씀 안에서의 정당성을 부여받지 못한다고 지적한다. 물론 외부적인 행위에 대해서 사람은 그것을 사용할 자유가 있지만, 그것은 하나님의 백성들의 진정한 성장에 유익할 때 가능한 것이다. 기독교적인 방법이라는 테두리 안에서 온전히 활용될 때 외부적인 의식은 유용하다. 그러나 십자 성호 긋기에 대해서 부처는 그것이 좋은 기원을 가지지도 못하고, 오히려 수많은 오용과 잘못된 실천으로 성도들을 이끌었다고 비난한다.[5]

마지막으로 부처는 로마 가톨릭의 제단(altar)은 희생제사를 떠올리게 하는 잘못된 것이며, 사도 바울은 고린도전서 10장 21절에서 만찬상(table)을 언급하고 있기에 상(table)으로 바꾸어야 함을 주장한다. 동

---

[5] Ibid., 130-132.

시에 집전자는 회중을 바라보고 있어야 한다. 사제들이 회중을 등지고 있는 행위는 자신이 대표가 되어 희생제사를 드리는 듯한 잘못된 가르침을 줄 수 있다는 것을 지적한다. 또한 로마 가톨릭에서 기도할 때 해가 뜨는 방향인 동쪽을 향해야 한다는 것에 대해, 어디에서 기도하고 어떤 방향을 향하는 것이 중요한 것이 아니라 영과 진리 안에서 기도하고 우리의 마음을 하나님께로 향하는 것이 중요할 뿐이라고 지적한다.[6]

---

6 Ibid., 133.

〈생각해 보기〉

1. 츠빙글리가 작성했던 로마 가톨릭과 미사경문(cannon)의 신학적 오류를 지적했던 글의 이름은 무엇인가요?

2. 부처는 예배의 외적 제스처보다 우선되어야 할 것은 무엇이라 주장하였나요?

3. 부처는 이사야 1장 15절 말씀을 인용하면서 로마 가톨릭의 어떤 모습을 날카롭게 비판하였나요?

4. '십자 성호 긋기'는 언제부터 시작되었으며, 이는 누구의 기록에서 알 수 있나요?

5. 만찬상(table)을 제단(altar)으로 이해하고, 성찬 집전자가 회중을 등지는 행위는 왜 성경적이지 않나요?

14

마틴 부처의 『근거와 이유』 4
"왜 성찬은 회중 앞에서 주일에만 거행해야하는지에 대하여," "현재 성찬이 시행되는 방식에 대하여"(7-8장)

부처 이전부터 하루에 미사(mass)를 여러 번 드리는 것이 관습으로 내려왔다. 특히 돈을 지불하는 봉헌 미사(사적인 미사, votive mass)는 더욱 악영향을 미쳤다. 사적인 미사를 위해서, 교회 안에는 작은 규모의 사람들이 모여서 예배드리는 공간인 채플(chapels)이 제공되었다. 중세 모습을 상상해보자. 사랑하는 사람이 먼저 세상을 떠났을 경우 남은 가족들은 그 사랑하는 사람이 연옥에서 고통 받지 않도록 지상에서 미사를 드렸다. 이런 사적인 미사를 위해서 사람들은 예배당에 자리 잡은 작은 채플에 모였다.

사적인 미사 외에도, 14세기를 휩쓸었던 흑사병(페스트)의 시대에는 워낙 많은 사람들이 죽었기에 수많은 기념 예배(anniversary masses)들이 있었다. 그래서 다른 일은 하지 않고 죽은 자를 위한 봉헌 미사만을 집전하는 사제(altar priest)가 생겨날 정도였다. 죽은 자의 가족들은 이

들에게 돈을 지불하고 미사를 드렸다.¹

왜 사적인 미사를 위해 사제들에게 돈을 지불하는 일이 발생했을까?

그것은 미사를 위해 금액을 지불하는 것이 사람들 편에서 일종의 선행(good work)이며 사제에 의해 제공되는 희생(sacrifice)이라는 당대의 잘못된 관념 때문이었다. 특정한 예배에 참여하는 것이 공로를 세우는 것으로 간주되었다. 성도들은 주일, 주말의 어떤 미사에도 성찬을 받을 수 있었다.²

부처는 여기에 반대했다. 성찬이라는 것은 개인의 일이 아닌 예수님께 속한 기독교 공동체의 일이다. 그래서 성찬은 목사와 함께 모든 회중이 참여하는 오직 주일에만 시행되는 것이 초대 교회로부터 관례로 내려왔다고 말한다. 예수님 자신도 그것(성찬)을 그의 회중과 함께 나누셨으며 그들 모두에게 빵과 잔을 나누시며 "너희가 다 이것을 마시라"(마 26:27)고 하셨음을 지적한다.

---

1   예배당의 구조를 살펴보자. Choir(성가대)라고 쓰여진 글씨 주변에서 예배의 주요한 행동이 이뤄진다. 그 오른쪽에 중앙 제단(high altar)이 위치한다. 주변의 벽면에 여러 개의 부속 제단(side altar)이 위치하고 거기서 사적인 미사들이 집전되었다.

2   사실 당시 사람들은 일 년에 한 번 부활절에 사제에게 죄의 고백과 용서를 받은 후 성찬에 참여하도록 요구되었다. 그들은 마음만 먹으면 언제나 성찬을 받을 수 있었지만 대부분의 사람들은 그렇게 하지 않았다. 왜냐하면 그들은 금식을 해야했고 참회(죄의 고백)를 해야했기 때문이다. 그들이 성찬을 받을 때에도 그들은 그것을 미사 중의 한 부분으로 시행하지 않고 미사 후에 성찬을 받았다. 이것이 카톨릭의 실천으로 제2차 바티칸 공회까지 내려오다가 그 이후에 바뀌었다. 전례헌장(The Constitution on the Sacred Liturgy)은 사람들의 성찬이 미사의 최정점이 되어야 한다고 주장한다. 사실 종교개혁가들은 벌써 수세기 전 이것을 주장했던 것이다.

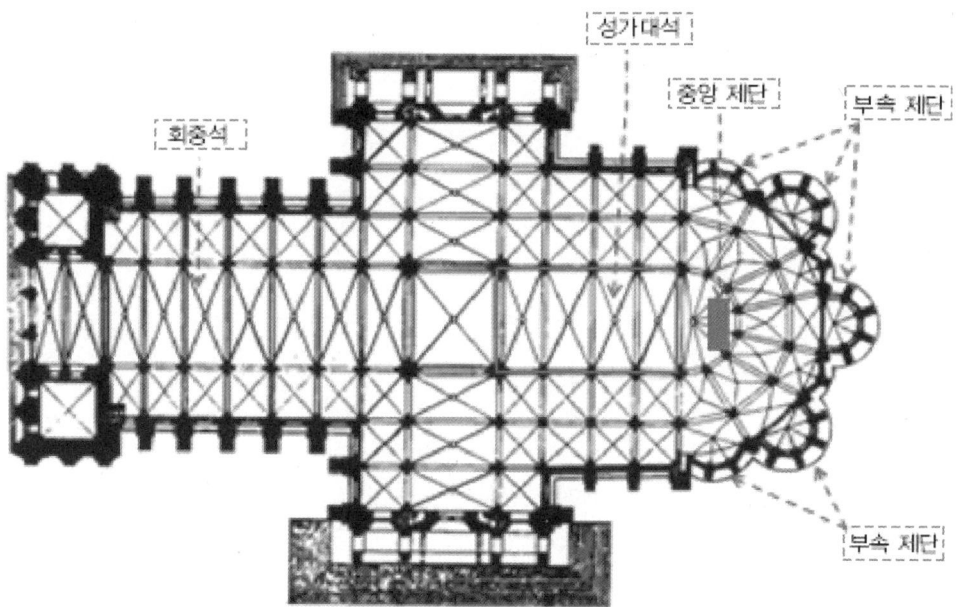

〈예배당 구조〉

중세 시대의 교회 공간 계획을 보면 중앙 제단(high altar)이 성단소(chancel) 안에 있다. 그리고 중앙 제단 주위에는 채플들이 있고 그 안에 부속 제단(side altar)들이 위치한다. 사적인 미사들은 주로 부속 제단에서 시행되었는데 왜냐하면 참여하는 사람의 숫자가 적으므로 많은 공간이 필요하지 않았기 때문이다. 때때로 사제와 도와주는 사람만으로 행해지기도 했다. 왜 교회 공간 안에 제단들이 증가했을까? 그 이유는 중세에 만연했던 역병들로 인해 많은 사람들이 죽었고 그 사람들을 위한 미사가 필요했기 때문이다. 이때 드려진 미사가 장엄 미사(requiem)와 기념 미사(anniversary mass)이다. 사적 미사는 대부분 봉헌 미사(votive mass)였다. 부속 예배당(side chapel)들은 길드나 귀족 가문에 의해 유지되었는데, 봉헌 미사가 시행될 때마다 많은 돈을 교회에 지불했기 때문에 교회는 이것을 포기할 수가 없었다.

또 부처는 사도 바울이 성찬은 회중이 모두 모였을 때 지키라고 가르쳤음을 상기시킨다(고전 11:20). 결정적으로 부처는 고린도전서 10장 16-17절 말씀을 근거로 성찬은 소그룹이나 한 개인이 유익을 얻기 위해 행하는 것이 아닌 교회 공동체의 일임을 역설한다.[3]

> 우리가 축복하는바 축복의 잔은 그리스도의 피에 참여함이 아니며 우리가 떼는 떡은 그리스도의 몸에 참여함이 아니냐. 떡이 하나요 많은 우리가 한 몸이니 이는 우리가 다 한 떡에 참여함이라(고전 10:16-17).

공동체로 함께 성찬을 나누며 성도들은 우리 모두가 죄인임을 깨닫고, 동시에 예수님께서 십자가에서 자기 몸을 주시며 피를 흘리셨음을 떠올리게 된다. 이것을 통해 기독교인들은 성찬은 한 개인에게 속한 것이 아니라 모두에게 속한 것임을 알게 된다. 동시에 그리스도의 진정한 몸과 피의 교제를 누리며, **한 몸 됨을** 생생히 체험하게 된다. 성도는 "기념"(memorial)과 "구원에 대한 감사"를 가지고 성찬에 참여하며, 성찬을 통해 하나님을 향한 믿음이 강화되고 이웃을 향한 사랑이 새로워진다.

그 다음 장인 "현재 성찬이 시행되는 방식"에 대해 살펴보자. 이 장에서 부처는 당시 스트라스부르 개혁교회에서 시행되는 성찬의 모습을 간략하게 설명해 주고 있다.

---

3 Ottomar Frederick Cypris, *Martin Bucer's Ground and Reason: A Commentary and Translation* (Yulee, FL: Good Samarian Books, 2017), 134.

부처는 먼저 당시 주일 공예배가 어떻게 시행되었는지를 설명한다.

주일에 회중이 모이면 목사는 그들의 죄를 고백하라고 훈계한다. **죄 용서를** 위한 기도를 한 후 목사는 회중을 대신하여 하나님께 회개의 기도를 드린 뒤 사죄 선언을 선포한다. 이어서 성도들은 짧은 시편들이나 찬송을 부르고 난 뒤 목사는 짧은 기도를 드린다. 그 다음 목사는 회중에 사도들의 글들을 봉독하고 그것에 관해 짧게 설명하고 이것을 들은 회중은 십계명을 노래한다.

이후 목사는 복음서를 봉독하고 설교한다. 다음으로 **회중은 신앙의 규약들을** 노래하고, 사제는 정부와 사람들을 위해 기도하고, 함께한 회중들이 믿음과 사랑 안에서 자라가기를 기도한다. 그 후 성찬에 참여하기를 원하는 사람들에게 성찬에 참여하기 위해서 예수님을 기억하면서 다음의 것들을 행해야 한다고 권고한다. 그것은 그들이 죄에 대해 죽어야 하며 자발적으로 자기 **십자가를** 져야 하며, 진리 안에서 그들의 이웃을 사랑해야 하며 믿음 안에서 강해져야만 한다는 것이다.

이런 권고 후 목사는 성찬에 대한 복음서 내용들, 즉 마태복음 26장 26-28절, 마가복음 14장 22-24절, 누가복음 22장 19-20절, 그리고 바울서신인 고린도전서 11장 23-25절을 선포한다. 이후 목사는 빵과 잔을 분배하며 자신이 참여한다. 그때 성도들은 찬송을 한 곡 더 부르며 목사는 짧은 기도와 함께 주님이 가르쳐주신 기도로 마무리를 한다. 마지막으로 사람들을 축복하고 그들을 평안 속에서 세상으로 파송한다.⁴ 이상이 부처와 스트라스부르의 개혁교회가 보내는 주일 아침 모습이었다. 이후 부처는 왜 이런 요소들이 예배 속에서 실행되어야 하는지에 대한 성경적인 근거를 제시한다.

이 장의 두 번째 부분에서 부처는 칼슈타트와 다른 사람들이 제기한 문제인 "성찬은 단지 빵과 잔인가, 아니면 예수 그리스도의 육체적 몸과 피가 그것 안에 현존하는가"에 대한 긴 논의를 전개한다. 부처는 육체적이고 물질적인 요소로부터 영과 영적인 일에 사람들의 관심이 옮겨가도록 여러 가지 성경적 근거를 바탕으로 논증을 시도한다.⁵ 부처는 영이신 하나님께서는 자신을 예배하는 사람은 영과 진리로 예배(요 4:24)하기를 원하신다고 주장한다. 또한 예수 그리스도의 죽음을 통해 성도는 어떤 육체적인 규례에도 메이지 않으며, 단지 주님으로부터 오직 두 가지의 의식과 표지인 세례와 성찬만을 **받았을 뿐**이라고 말한다.

부처는 분명 **주님께서는** "나를 기념하라"고 하셨기 때문에(고전 11:24-25) 우리는 **구원자 되신** 주님의 죽음을 생각하고 단순한 믿음으로 참여해야 하는데, 왜 사람들이 빵과 잔에 관련된 문제로 싸우는지 한탄한다. 즉 물체의 변화를 설명하는 것과 같은 것은 부차적인 것이고 믿음을 가지고 그리스도의 죽음을 고려하는 영적인 문제가 더욱 중요하다는 것이다. 그에 따르면 사람이 단번에 자기의 몸과 피를 주시는 분을 올바른 방법으로 기억할 때 영적으로 그리고 진실로 그의

---

4 Ibid., 139-140.
5 Ibid., 141.

몸은 먹혀지고 피는 마시우게 되는 것이라고 설명한다.[6]

부처는 "예수님께서 우리에게 먹고 마시라고 명령하신 것은 육체적인 것이지만 그 목적은 우리들이 하나님을 생각하고 믿고 감사하고 순종하는 것"임을 분명하게 밝힌다.

---

[6] Ibid., 142.

〈생각해 보기〉

1. 부처가 비판한 봉헌 미사(사적인 미사)의 시대적 배경은 무엇인가요?

2. 종교개혁 이전 봉헌 미사를 위해 금액을 지불하던 관습은 무엇에 기인한 것 인가요?

3. 부처는 봉헌 미사를 반대하며 성찬이 교회 공동체의 일이라는 것을 어떻게 논증하였나요?

4. 부처는 주님께 받은 성례로서 무엇과 무엇을 받았을 뿐이라고 말하였나요?

5. 부처는 성찬의 부차적 주제를 놓고 논쟁하는 사람들에 대해 성찬의 궁극적인 목적이 무엇이라 설명하나요?

15

마틴 부처의 『근거와 이유』 5
"세례에 대하여"(9장)

마틴 부처는 책의 아홉 번째 장에서 로마 가톨릭교회의 세례에 대한 잘못된 가르침과 이해를 지적한다. 부처는 로마 가톨릭이 사람들로 하여금 세례의 행위가 사람을 구원하며, 세례 없이는 하나님의 존전에 갈 수 없다고 가르치며, "도유, 기름, 소금, 빵, 초, 축성된 물" 등과 같은 요소들을 너무 강조한 나머지 이들 요소들 중에 어느 것 하나가 빠져버리면 세례가 완전하게 되지 않았다고 간주하도록 만든다고 지적한다.[1]

그는 성경에 두 가지 종류의 세례가 있는데, 하나는 물세례요, 다른 하나는 성령세례라고 말한다. 오직 예수님만이 두 번째 방법으로 세례를 주실 수 있으며, 물세례는 외적인 표지라고 설명한다. 사도행전 2장 38절, 19장 4절 등을 다루면서, 부처는 "우리는 회개와 그리스도의 이름으로 세례를 받는 것이 필요하며," "믿음"으로 우리는 "죄 사함"을

---

[1] Ottomar Frederick Cypris, *Martin Bucer's Ground and Reason*: *A Commentary and Translation* (Yulee, FL: Good Samarian Books, 2017), 149.

받는다고 주장한다. 물에 의한 외적 세례는 그것 자체가 은혜를 보증하는 것이 아니라, "단지 내적이고 영적인 것의 표지"인 것이다.[2]

부처는 바울이 로마서 6장 3-4절에서 말하듯, "그리스도 예수와 합하여 세례를 받은 우리는 그의 죽으심과 합하여 세례를 받았다"는 것을 강조한다. 우리의 옛 성품이 매일 죽어야 하는데 이것이 예수님의 죽음을 통해 성취되었음을 밝힌다. 성도는 믿음의 확실성에 근거하여 새롭고 영원한 삶을 기다리고 있는 것이다.

부처는 갈라디아서 3장 27절을 언급하며, 비록 지금 우리에게 "끔찍하고," "더러운 누더기"와 같은 옛 아담적 성품이 남아 있지만, 우리가 "그리스도로 옷 입었음"을 믿는 한, 새로운 삶을 "믿음을 통해 우리가 지금 소유하고 있으며" 반드시 이루어질 것이라고 설명한다. 즉 "그리스도의 세례는 죄의 용서를 의미하고, 그는 성령님을 통하여 택자 안에서 이것을 성취하신다"는 것이다.

부처는 베드로전서 3장 21절, 에베소서 5장 26절, 디도서 3장 5절을 통하여서 세례의 물 자체가 우리를 구원하는 것이 아니라, 믿음으로, 그리고 성령님의 사역으로 인해 우리가 다시 태어나고 새로워지는 것임을 밝힌다.

이런 차원에서 "외적인 세례가 구원한다든지, 세례 시행 없는 어린이가 구원을 받지 못한다"는 말은 그리스도에 대한 모독이요, 그가 베푸시는 진리의 영적 세례를 모호하게 만드는 행위라고 지적한다.[3]

---

[2] Ibid., 150-151.
[3] Ibid., 152-153.

세례와 관련하여 부처는 다음 세 가지를 지적하였다.

첫째, 부처는 그리스도께서 물세례가 참회, 가르침, 내적 세례에 대한 훈계의 표지가 되길 원하셨다고 주장한다. 그리고 아이가 태어나기도 전에 세례를 희망하거나, 때때로 위험한 출생의 순간에 여성에 의해 행해지는 긴급 세례 같은 것들은 세례의 본질을 왜곡하는 행위라고 지적한다. 그러므로 세례와 관련된 가장 중요한 개혁 중의 하나는 "외적 세례는 진정한 그리스도의 세례, 즉 말하자면 내적 정결, 다시 태어남과 갱신의 표지"라고 힘 있게 주장한다.

둘째, 부처는 그 당시 과도하게 중시되던 성유(chrism)와 기름, 소금 등과 같은 것들의 사용을 언급한다. 이것은 인간의 머리에서 나온 것이며 말씀 안에서 어떠한 정당성도 인정받지 못함을 지적한다. 그러므로 세례식에 있어서 중요한 것은 외적 요소의 드러내 보임이 아니라 "세례의 중요성과 의미에 대한 설명," "그리스도가 수세자를 그의 성령으로 세례해 주시며, 모든 죄로부터 깨끗케 해달라는 기도"라고 말한다. 그리고 회중들이 그들을 그리스도 안에서 사랑해야 하고 적절한 가르침으로 인도하는 것이라고 주장하였다.[4]

셋째, 부처는 유아세례가 성경적 근거가 없다면서 그것의 시행을 반대하고 신앙을 고백할 수 있는 성인세례만을 주장하는 재세례파의 잘못을 지적한다. 부처는 사도행전 16장 15절과 33절에 나오는 사건들을 예로 들며, 가장이 세례를 받았을 때 온 가족이 세례를 함께 받았고 거기에는 아이들도 포함되어 있었음을 지적한다. 흔히 20세기

---

[4] Ibid., 153-154.

에 신약학자 요아킴 예레미아스(Joachim Jeremias)가 주장하는 '가족세례 공식'과 일맥상통한다.[5]

더 나아가 부처는 요한복음 4장 1-2절만 봐도 요한은 그리스도에 대해 지식이 별로 없는 사람에게도 세례를 베풀었으며, 심지어 사도행전 8장 13절에는 마술사 시몬과 같이 믿음 없는 사람이라 할지라도 세례를 받은 경우가 있음을 지적한다. 따라서 부처는 수세자의 삶이 신실하다는 증거가 즉각적으로 나타나지 않더라도 우리는 그 세례를 거부할 수 없다고 주장한다. 왜냐하면 우리는 하나님이 누구를 택하셨고, 누구를 거부하시는지를 알지 못하기 때문이다.[6]

그러므로 부처는 마가복음 10장 14-16절의 말씀과 같이 어린이들이 주님께 오는 것을 금하지 말아야 하며, 구약의 할례가 유대인을 위한 것이었듯이 세례는 우리를 위한 것이라고 말한다.

부처는 세례를 연기한다 할지라도 믿지 않는 많은 자들이 세례를 받을 것이고, 유아세례의 연기는 많은 어린이와 젊은이들이 누려야 할 기독교적 삶을 부인하고 박탈하게 될 것이라고 조언한다. 그러므로 우리는 신앙의 조상들이 그들의 자녀들에게 할례를 시행했듯이, 우리의 자녀들이 하나님의 자녀로 거룩하게 될 것이라는 확신을 가지고 세례를 주며, 그렇게 함으로서 아이들을 더욱 부지런히 가르치도록 서로를 격려해야 함을 역설한다.[7]

---

5 Joachim Jeremias, *Infant Baptism in the First Four Centuries* (Eugene, OR: Wipf & Stock, 2004).

6 Ottomar Frederick Cypris, *Martin Bucer's Ground and Reason*, 156.

7 Ibid., 157-158.

〈생각해 보기〉

1. 부처 당시 로마 가톨릭은 세례와 구원의 관계를 어떻게 설명하였나요?

2. 부처는 물세례와 성령세례의 관계를 어떻게 설명하였나요?

3. 부처는 "세례(외적) 시행 없이는 어린이가 구원받지 못한다"는 말이 그리스도에 대한 모독이라 말하였습니다.
   그 이유는 무엇인가요?

4. 부처는 출생 전 세례와 여성에 의해 행해지는 긴급 세례가 왜 세례의 본질을 왜곡하는 행위라고 지적하였나요?

5. 부처가 당시 로마교회에서 과도하게 중시하던 세례에서의 성유, 기름 소금 등의 사용을 반대한 가장 큰 이유는 무엇인가요?

6. 부처는 성인세례만을 주장했던 재세례파의 잘못을 지적하면서 유아세례의 성경적 근거를 어떻게 설명하였나요?

16

마틴 부처의 『근거와 이유』 6
"왜 성일(聖日)들이 폐지되었는지에 대하여"(10장)

부처가 사역하던 16세기에는 주일 외에도 많은 날들이 하나님과 천사들, 성인들을 기념하는 날들로 지정되어 있었다. 이것이 '거룩한 날'(Holy days, 성일[聖日])이다. 이 날들에는 육체적 일을 할 수 없었을 뿐 아니라 이를 위반했을 때는 심한 벌까지도 받았다. 그러나 육체적 일을 쉬었다고 해서 사람들이 그날을 거룩하게 보낸 것도 아니었다. 육체적인 탐욕에 빠진 사람들도 있었고, 또 다른 사람들은 많은 미신적인 행동들에 탐닉했으며, 비이성적인 노래들을 불렀다. 때때로 사람들은 고해성사 이후에도 남아 있는 죄를 보속(補贖)하고자 면벌부(indulgence)를 구입하였다. 부처는 이런 상황에 문제점을 느끼고, 10번째 장을 통해 로마 가톨릭을 통렬히 비판한다.

부처가 먼저 제시하는 근거는 갈라디아서 4장 9-11절의 말씀이다.

이제는 너희가 하나님을 알 뿐 아니라 더욱이 하나님이 아신 바 되었거늘 어찌하여 다시 악하고 천박한 초등학문으로 돌아가서 다시 그들에게 종노릇 하려 하느냐. 너희가 날과 달과 절기와 해를 삼가 지키니 내가 너희를 위하여 수고한 것이 헛될까 두려워하노라(갈 4: 9-11).

부처는 이 말씀에 담긴 사도 바울의 가르침은 '과도히 날들을 지키는 것은 하나님으로부터 되돌아서는 것이며, 믿음으로부터 멀어지는 것'이라고 설명한다. 그리스도께서 우리를 외적 규례의 준수로부터 자유케 하셨으니 신자들은 하나님의 말씀을 따르는 것과 이웃을 교화(edification)시키는 것에 초점을 맞추어 규례를 이해할 필요가 있다는 것이다.[1]

당대의 사람들은 구약성경에서 하나님이 모세에게 명하신 몇몇 기념일의 준수에 대한 이야기가 '거룩한 날'의 근거라고 주장했다. 하지만 부처는 그들에게 예수 그리스도가 이러한 규례로부터 우리를 구원하시고 기독교인의 자유를 허락하셨음을 왜 인지하지 못하냐고 반문한다. 또 당대의 많은 기념일들 가운데서는 이교도의 관습이 들어와 있으며 명백히 하나님의 명령에 반대하는 것들도 많이 있음을 함께 지적한다. 그런 것들이 기독교적인 요소를 혼잡케 하고 더럽힌다고 비난한다.

또한 부처는 특정한 날이 다른 날들보다 더 중요한 것이 아니라, 모든 날은 그리스도 안에서 소중하며 우리는 매일 하나님을 예배하며,

---

1 Ottomar Frederick Cypris, *Martin Bucer's Ground and Reason: A Commentary and Translation* (Yulee, FL: Good Samarian Books, 2017), 160.

그의 뜻 앞에서 기쁘게 순복해야 함을 주장한다. 몇몇 고대 교회의 교부들이 '거룩한 날'을 남겨두고 중시한 것에 대해서 부처는 교부들이 "세상을 너무 사랑하는 사람들을 위하여" 하나님의 말씀의 부분이라도 듣게 하기 위함이었다고 설명한다. 하지만 이런 것들이 당대에 얼마나 많은 사람들의 신앙생활에 해를 끼쳤는지를 지적한다.[2]

부처는 자신의 주장을 듣고서 그렇다면, "주일 역시 폐지해야 하는 것 아니냐?"고 묻는 사람들이 있을 것이라고 예상한다. 여기에 대해서 부처는 하나님이 주신 십계명에서 일곱 번째 날을 기념하여 지키라는 것을 말한다. 이 날을 지킴으로 일하는 사람들과 종들이 안식할 것을 명하셨다. 이것이 출애굽기와 신명기에 나와 있다. 부처는 형제 사랑의 차원에서 주일을 지키는 것이 필요하다고 말한다. 그러나 이것은 유대교나 그 후손들이 지키는 것과 같은 '의식주의'와는 다르다고 말하며 기독교인의 자유(christian freedom)에 대한 바른 인식을 가져야 함을 역설한다.[3] 부처에 있어서 안식일이 사람을 위해 제정된 것이지 사람이 안식일을 위해 존재하는 것은 아니다.

더 나아가 부처는 어떤 사람들이 율법서에 나와 있는 수많은 기념일들, 예를 들어 일곱 번째 달의 첫째 날과 열째 날, 한 주 동안 시행되는 장막절, 그리고 당대의 성탄절, 주님의 할례기념일, 승천절과 같은 날들은 어떻게 하느냐고 물어볼 경우에 대한 답변도 제시한다.

부처는 성경적 권위와 근거 없이 그런 일들의 기념을 위해 특별한

---

2   Ibid., 161-162.
3   Ibid., 165.

날들을 정해놓기보다는 매일 생활 속에서 그 일들을 회상해야 한다고 주장한다. 그렇지 않으면 일반적인 사람들은 그러한 그림자와 같은 것들, 예를 들어 그림이나 외부적인 규례 따위에 과도한 존경을 보내는 것에 얽매일 것이라고 지적한다. 부처에게 있어서 중요한 것은 하나님의 말씀에 근거한 권위이다. 부처는 율법서에서 모세는 주일 외에 위에 언급된 다른 날들을 거룩하다고 제정하지는 않았다고 주장한다. 그는 이후에 당대의 절기 안에 들어와 있던 수많은 이교도적, 미신적 관습들에 대해 상세히 열거하며 자신의 주장에 대한 설득력 있는 근거를 제시한다.[4]

  그래도 특정 날들을 지켜서 노동자들, 종들, 젊은이들, 그리고 대중들이 신앙적인 것들을 잘 배울 수 있지 않겠느냐고 반문하는 주장에 대해 부처는 자신과 자신의 동료들은 매일 두 번씩, 때때로 세 번씩 하나님의 말씀을 증거하고 있으며 – 물론 열심히 설교하는 것이 자신들에게는 전혀 짐이 아니며 – 설교를 통해서 사람들에게 기독교 신앙을 더욱 잘 가르치고 있기 때문에 날들의 준수에 따른 부작용들보다 훨씬 더 효과적이고 적절하다고 주장한다.[5]

  결론적으로 부처는 당시의 과도한 기념일의 준수에 반대하며 형제사랑이 요구하는 단 하나의 날, 곧 주일 성수만이 적절하고 필요한 것임을 주장한다. 이것이 하나님을 기쁘시게 하는 것이고, 하나님이 회중들에게 이롭고, 사람들을 바르게 세우는 데 적절할 것이라고 주장한다.

---

[4] Ibid., 166-167.
[5] Ibid., 168.

〈생각해 보기〉

1. 16세기 당시 '거룩한 날'(Holy days)이 문제가 된 이유는 무엇인가요?

2. 부처는 '그리스도께서 우리를 외적 규례의 준수로부터 자유케 하셨다는 사실'에 근거하여 규례를 무엇과 무엇에 초점 맞추어 이해할 필요가 있다고 역설하였나요?

3. 고대 교부들이 '거룩한 날'을 남겨두고 중시한 것에 대해 부처는 무엇 때문이라 설명하였나요?

4. 부처는 '주일 역시 폐지해야 하는 것 아니냐?'는 주장에 대해선 어떻게 설명하였나요?

5. 부처는 '특별한 날'들을 지정하고 지키는 것이 왜 일반적인 사람들에게 위험하다고 설명하였나요?

6. 부처는 특정 날들이 대중을 교육한다는 주장에 대해 무엇이 더욱 효과적이고 적절하다고 주장하였나요?

17

마틴 부처의 『근거와 이유』 7
"왜 성화들이 폐지되어야 하는지에 대하여"(11장)

부처는 자신이 목회하던 스트라스부르교회에서 모든 형상들과 이미지들이 제거되었고, 특별히 취리히에 있는 교회와 회중들은 보다 철저히 이것들을 개혁했음을 언급한다.

부처는 이미지와 형상들이 없어져야 할 우선적 근거로 제2계명을 언급한다. 출애굽기 20장 4절에서 말씀하듯이 하나님은 우리가 "우상을 만들지 말고," "어떤 형상도 만들지 말라"고 명하셨음을 지적한다. 그 외에도 율법서와 선지서에서 하나님은 우상들과 이미지들을 금하고 있음을 지적한다.

부처는 형상 자체는 아무 것도 아니며, 인간의 손에 의해 빚어진 가공물일 뿐이라고 강력하게 말한다. 그렇기 때문에 형상이나 이미지들을 공경하고 섬기는 것, 또는 그것들을 통해서 하나님을 예배하는 것은 참 하나님을 모욕하는 행위라고 주장한다. 왜냐하면 그런 행위를 통해 사람의 마음은 진정한 믿음에서 벗어나게 되며 외부적인 요소들에 집착하게 되기 때문이다. 이러한 행동들은 하나님 앞에서 가

증한 것이며, 그렇기 때문에 성경에서는 이것들을 금지하고 있다고 주장한다.[1]

부처는 당시에 형상들과 이미지들에게 서약하거나, 그것들을 직접 보기 위해 순례하거나, 희생이 드려지는 경우들이 있었음을 지적한다. 이제는 이것들은 단순한 우상이 아니라 가장 가증할 만한 우상이 되었다며 이것들이 불쌍한 사람들의 신앙과 믿음, 사랑에 큰 해악을 끼친다고 탄식하였다.

이런 상황의 심각성을 깨닫고, 신자들은 하나님을 영과 진리로 예배해야 함을 자신과 동료들이 오랫동안 온 힘을 다해서 설교해왔다고 밝힌다. 그리고 이제까지 사람들은 인간의 손에 의해 만들어진 벙어리 이미지들과 형상들에게 많은 돈들과 선한 행동들을 바쳤다 할지라도 지금부터는 살아 있는 하나님의 형상인 이웃들에게 그것들을 주어야 함을 마태복음 19장 21절을 근거로 주장한다.[2]

그는 형상들과 이미지들이 바람잡이와 같은 역할을 해서 '머리 깎은 간교한자들(사제들)'에게 많은 돈이 흘러가게 만든다고 한탄한다. 특별히 형상과 이미지들은 "순례"와도 밀접한 관계가 있었다. 당시 사람들은 특별한 의미를 가진 이미지와 형상에는 특별한 효력이 있다고 믿었다. 그래서 그 앞에서 예배하기 위해 그곳을 찾아다녔다. 그리고 사적으로 기도해 줄 사제나 노래를 불러줄 사람들을 고용하여 사례를 지불하기도 하였다.

---

[1] Ottomar Frederick Cypris, *Martin Bucer's Ground and Reason*: *A Commentary and Translation* (Yulee, FL: Good Samarian Books, 2017), 169-170.
[2] Ibid., 172-173.

당시에도 형상들과 이미지들이 신앙생활에 큰 해악이 없고, 오히려 그것들을 통해 신앙심을 북돋우고 하나님을 경배할 수도 있다고 주장하는 자들이 있었다. 이런 자들에게 부처는 이렇게 반문한다.

"왜 가장 지혜로우신 우리 하나님이 그것들은 무익한 것이라고 말씀하시면서 성경의 모든 부분에서 끈질기게 금지 하셨겠는가?"[3]

이 책 『근거와 이유』에서 부처는 자주 '영적인 예배'(spiritual worship)의 중요성을 강조한다. 영적 예배의 차원에서 형상과 이미지를 바라볼 때 이것은 왜곡된 신앙과 오염된 예배 실천으로 신자를 오도한다고 보았다. 그것의 근본 원인을 곰곰이 살펴보면 죄로 향해 달려가는 인간의 성향과 밀접한 연관이 있다. 마치 칼빈이 인간의 마음을 "우상의 공장"(factory of idol)이라고 표현했듯이 말이다.[4] 영적인 예배를 위해서 부처는 성도들은 말하지 못하는 돌과 그림을 통해서가 아니라, 무엇보다 하나님의 말씀에 의해서 가르쳐져야 함을 주장하였다. 하나님의 계시된 말씀을 통해서 성도들은 하나님의 뜻대로 예배드릴 수 있다고 주장했다.[5]

초기 교회 시대에 거룩한 뼈들이나 유물들이 굉장한 관심을 받았고, 교부들의 무덤가에서 위대한 기적들이 일어났다고 하는 기록들이 있다. 그러나 부처는 이에 대해서도 몇몇 교부들이 잘못을 저지른 것이며, 오히려 역사를 통해 많은 잘못들이 교회 안으로 기어 들어왔다고 주장한다. 그는 몇몇 교부들이 순교자들의 무덤들을 공경

---

[3] Ibid., 173.
[4] John Calvin, *Institutes*, I.xi.8.
[5] Ottomar Frederick Cypris, *Martin Bucer's Ground and Reason*, 174.

하는 관습을 기록한 것은 순교자들의 변함없는 모습을 통해서 신자들의 신앙에서도 변함없는 견고함을 격려하기 위해서이지, 신비적인 도움을 구하기 위한 것은 아니라고 주장한다. 부처는 마태복음 24장 24절의 말씀을 인용하면서 그 이후에 사탄이 이 모든 것들을 위조된 기적들과 혼합을 시켰다고 설명한다.[6]

그러므로 부처는 그리스도를 사랑하는 사람은 그런 형상 숭배와 미신, 해로운 남용들은 하나님의 말씀에 반하는 행위이며, 폐지되어야 할 것을 주장해야 한다고 말한다. 그에 따르면 진정한 기적은 하나님의 말씀의 확증과 마가복음 6장과 성경의 여러 구절에서 나오듯이 유일하신 하나님의 영광을 위해서 일어난다. 그렇기 때문에 우상 숭배적인 미신을 확증하기 위해 일어난 것은 기적이 아니다. 결론적으로 부처는 어떤 특정한 장소가 다른 장소보다 하나님의 도우심과 자비를 더 제공하는 것도 아니고, 거룩한 뼈들과 성물들은 하나님이 아니라고 말한다.[7]

부처는 이 장을 통해 이미지들과 형상들이 미신을 일으키고 하나님을 향한 영적 예배를 방해하기 때문에 반드시 제거되어야 하지만, 그 제거의 방법은 칼슈타트 등이 주도했던 성상파괴운동(iconoclasm)과 같은 과격한 방법이나 개인적 차원의 방법이 아니라, 시 당국에 의해 제정된 척도에 의해 이뤄져야 한다고 주장했다.

---

6   Ibid., 175.
7   Ibid., 176.

〈생각해 보기〉

1. 부처는 교회에서 이미지와 형상들이 없어져야 할 성경적 근거를 어떻게 제시하였나요?

2. 부처는 형상이나 이미지를 통해 예배하는 것이 어떤 문제를 야기한다고 지적하였나요?

3. 부처가 16세기 당시의 만연했던 형상과 이미지 숭배의 그릇됨을 바로잡고자 주력했던 사역은 무엇이었나요?

4. 16세기 당시 사제들은 형상과 이미지 숭배를 어떻게 악용하였나요?

5. 부처는 몇몇 교부들이 순교자의 무덤을 공경하는 관심을 어떻게 평가하였나요?

6. 이미지와 형상 제거에 있어서 부처와 칼슈타트의 차이는 무엇인가요?

18

마틴 부처의 『근거와 이유』 8
"교회 안에서의 찬송과 기도들이 왜 변화되었는지"에 대하여(12장)

    마틴 부처의 『근거와 이유』의 마지막 장은 교회 안의 찬송(노래)과 기도의 개혁에 대한 내용이다. 교회 안의 찬송과 기도에 대한 문제는 21세기를 살아가는 우리들에게도 굉장히 중요한 문제인데, 16세기 당시에도 중요한 문제였다. 당시 노래들과 기도들에 대한 부처의 개혁을 살펴보자.

    부처는 당시에 행해지고 있던 봉원 미사(votive masses)를 위해 성도들이 돈을 지불하고, 기도의 직무를 담당하는 선창자를 위한 기부금을 내는 것들을 비난한다. 개혁된 예배는 공동적(communal)인 것이며, 사적인 지불이나 요청에 의해 규정되어서는 안 된다고 강조한다.[1]

    부처는 먼저 하나님의 회중 안에서는 성경에 근거하지 않은 찬양들과 기도들을 사용해서는 안 된다고 주장한다. 특별히 특정 성인들의

---

1 Ottomar Frederick Cypris, *Martin Bucer's Ground and Reason: A Commentary and Translation* (Yulee, FL: Good Samarian Books, 2017), 176.

기념일의 기도 안에 성인들에 대한 전설들을 포함시키는 것을 비판한다. 부처가 보기에 그런 기도는 순수한 예배와 신앙을 왜곡시키는 것이었다. 또 미사 안에서의 기도들이 바뀌어야 한다고 주장하였다.[2] 왜냐하면 당시 미사 안에서의 기도들이 미신들을 조장하고, 신적이고 진리의 말씀들을 경멸한다고 보았기 때문이다.

또한 부처는 자국어로 기도하고 찬송할 것을 주장한다. 왜냐하면 하나님의 백성들의 모든 행동들은 모든 사람들을 세우고 교화시키는데 도움이 되어야 하므로, 모든 평신도들이 그것을 알고 아멘으로 화답할 수 있어야 하기 때문이다. 당시 미사에서는 자국어 대신 라틴어로 찬양과 기도를 드렸기 때문에, 사제가 아닌 평신도들은 그것을 이해할 수 없을 뿐더러 심지어 인도하는 사제조차도 때때로 그 내용을 이해하지 못했다. 그는 라틴어가 성경 언어인 히브리어나 헬라어보다 더 유용하거나 더 나은 것을 내포하고 있는 것이 아니라 단지 고대 로마인들에 의해 사용되었던 언어일 뿐이라고 지적한다.[3] 부처의 이런 주장들을 한 마디로 요약하자면, 그는 '이해를 추구하는 예배'(worship seeking understanding)를 추구했다.

무엇보다 하나님께 사람의 마음으로부터 나온 기도와 찬양을 하지 않는 것은 하나님에 대한 모욕이기 때문에, 부처는 이것들이 회중 안에서 어떤 특정한 시간이나 어떤 특정한 상황에 제한되지 말아야 함을 주장한다. 부처가 구체적으로 말하지는 않지만 예를 들자면, '이

---

2 Ibid.
3 Ibid., 177.

시편은 이 시간에만 불려야 한다'는 규례를 정해서는 안 된다는 것이다. 부처는 주일에 자발적으로 우리가 기도할 수 있고 간략하게 노래할 수 있다고 주장한다. 다만 모든 것은 성경에 근거해야만 한다. 저녁 기도회(Vespers)의 경우에 부처는 우리의 육체적 경배가 영적 성장을 위해 사용됨으로, 성경을 한 장씩 강해하는 것과 함께 2~3개의 시편을 부를 수 있다고 주장하였다.[4] 참고로 말하자면 당시의 로마 기도서(Roman breviary)에서는 3개의 시편을 부르는 것이 전형적인 관례였다.

부처는 회중 찬송이 영적 가치가 있으며, 하나님의 신적 선물이라고 주장하였다. 이것을 버리는 사람들은 성경의 내용과 늘 하나님을 찬양했던 초대 사도적 교회들과 회중들의 관습에 대해 거의 알지 못하는 자들이라고 비난한다. 특별히 찬양을 위해 오래 전부터 시편이 사용되었음을 주장하는데, 그 근거로 바울의 저작들 뿐 아니라, 역사가들, 그리고 심지어 플리니(Pliny)와 같은 이교도의 작품들에 나타난 기록들을 제시한다. 그리고 마태복음 26장 30절에 나오듯이 최후의 만찬과 설교를 예수님께서 찬송으로 마무리하셨음을 말한다.[5] 부처는 찬송 선정에 심혈을 기울였는데, '그것이 성경적인가,' '사람들을 교화시키는가,' '진정한 신실함으로 이끄는가'를 염두에 두고 유심히 점검하였다.

원래 부처보다 앞서 스트라스부르에서 예배개혁을 이끌었던 디오

---

[4] Ibid.
[5] Ibid., 178.

발트 슈바르츠(Diebold Schwarz)의 초기 예전에는 찬송을 부르는 순서가 없었다.⁶ 즉 노래로 하는 순서들은 말로 하도록 대체되는 경향이 있었다. 그러나 부처는 그의 예배 순서 안에 찬송을 4번 부르고, 저녁 기도회의 경우에는 2-3개의 시편들을 부르도록 하였는데 설교의 전후에 위치시켰다. 이것은 아마도 루터의 영향을 받은 듯하다. 부처는 회중 찬송의 교육적 기능을 높이 평가하였다. 부처는 찬송들이 마음으로부터 자발적으로 자연스럽게 나와야 하며, 자신들의 언어로, 그리고 성경에 근거해야 함을 주장하였다.⁷

당시 라틴어 시편(Vulgate Psalms)은 평신도들과 너무나도 거리가 멀고 어려운 것이었다. 게다가 곡조(tune)도 복잡했다. 그래서 단지 사제와 성가대에 의해 교창으로 불릴 뿐이었다. 부처는 이런 부분들을 개혁하였고 이후 스트라스부르와 여러 도시에서는 운율 시편(Metrical Psalms)과 찬송가(canticles)들이 합창(unison)으로 불려졌다.

찬송들은 츠윅(Zwick), 블라우러(Blaurer), 카피토(Capito), 그리고 레오 자다(Leo Jada)에 의한 것으로, '십계명,' '사도신경,' '주기도문,' '시편 51편'(Miserere), '성령님을 위한 기도' 같은 곡들이다. 부처는 회중 찬송의 가치를 고양시키는 사람으로서 선창자(찬양을 이끄는 사람)의 역할을 주목했지만, 그들이 새로운 성직자가 되지 않도록 경계하였다. 이것은 현재의 한국 교회에서 찬양 인도자나 이것을 맡은 교역자가 과도하게 각광 받는 현실에 주는 메시지가 크다.

---

6 Ibid., 64.
7 Ibid., 18

이 작은 책자는 부처와 스트라스부르에서 개혁을 같이 진행하던 사람들의 공통된 믿음과 확신을 담고 있으며, 자신들은 성경에 근거하여 이러한 개혁적인 내용들을 가르치고 설교하고 있으며, 이런 개혁들이 자라나고 강화되어야 함을 주장한다. 그리고 모든 사람들은 믿음과 사랑의 증진을 위해서, 성찬, 세례, 그리고 다른 외부적인 예식들을 잘 활용해야 하는데, 여기에 대한 지침으로 이 책이 유효하고 적실함을 주장한다.[8]

스트라스부르의 예배개혁은 부처 단독 작품이 아니다. 부처뿐만 아니라 예배개혁을 위한 다른 이들 – 예를 들면, 볼프강 카피토(Wolffgangus Capito), 카르파 헤디오(Caspar Hedio), 마테우스 젤(Matheus Zell), 심포리안 폴리오(Symphorian Pollio), 데오블두스 나이저(Theobldus Niger), 마틴 하그(Martinus Hag) – 의 수고가 있었기 때문에 오늘날 우리가 보다 성경적인 예배를 고민할 수 있게 되었다. 부처의 글은 짧지만 중요한 개혁주의 예배신학의 가르침을 우리에게 제공하였다.

---

[8] Ibid., 180

⟨생각해 보기⟩

1. 16세기 당시 행해지던 봉원 미사(votive masses)란 무엇인가요?

2. 부처는 찬양과 기도에서 성경에 근거하지 않는 내용이 있어서는 안 됨을 비판하면서 특별히 당시 로마 가톨릭의 찬양과 기도의 내용 중에서 어떤 내용들을 비판하였나요?

3. 찬양과 기도에 대한 부처의 개혁을 한마디로 요약한다면, 부처는 어떤 예배를 추구했나요?

4. 부처가 찬송가를 선정함에 있어 심혈을 기울였던 세 가지 조건은 무엇인가요?

5. 당시 라틴어 시편의 문제점은 무엇이었나요?

6. 찬송 선창자가 새로운 성직자가 되지 않도록 경계한 부처의 자세가 오늘날 한국 교회에 주는 메시지는 무엇인가요?

19

존 칼빈의 "초대 교회의 행습에 근거한 성례 및 거룩한 결혼을 집례 하는 방법과 기도와 교회 찬양의 형식"

칼빈은 제네바를 떠나 스트라스부르에서 목회를 했다(1538-1541). 칼빈의 목회 대상은 프랑스어를 사용하는 성도들이었다. 그는 이 시기 동안 스트라스부르의 개혁가 마틴 부처와 교제하였다. 이후 시정부의 요청으로 다시 제네바로 돌아갔다. 그 뒤 1542년, 칼빈은 제네바교회에서의 첫 번째 기도/예배서인 본 문서를 작성하였다. 여기에는 스트라스부르의 경험들이 잘 녹아져 있다. 물론 이 문서에 칼빈 예전의 모든 부분이 규정된 것은 아니다.

칼빈이 목회했던 제네바교회의 주일 예배 순서와 예배 모습을 살펴보자. 예배의 시작은 "우리의 도움은 천지를 지으신 여호와의 이름에 있도다"(시 124:8)라는 말씀으로 시작한다. 그 다음 순서는 참회(confession)이다. 인도자는 다음과 같이 권면한다.

"형제 자매 여러분! 여러분 각자가 주님의 얼굴 앞에서 자기 자신을 드러내고 그의 마음에 있는 말을 따라 자신의 잘못과 죄를 고백하십시오."

그리고는 준비된 기도문을 읽어 나간다. 참회의 기도가 끝난 후 스트라스부르교회에서는 양심을 위로하기 위해 몇몇 성경 말씀을 목회자가 전달하였다. 그리고 목회자는 사죄의 선언(Absolution)을 공포하였다.

"여러분 각자가 자신이 죄인임을 진정으로 인정하고 하나님 앞에 자신을 낮추며 예수 그리스도 안에서 하늘 아버지가 당신에게 자비로우시다는 것을 믿으십시오."

그리고 난 후 다음과 같이 선언하였다.

"이와 같이 회개하고, 자신의 구원을 위해 예수 그리스도를 기대하는 모든 자들에게, 나는 성부와 성자와 성령의 이름으로 죄가 사해졌음을 선언합니다. 아멘."

그리고 나서 회중은 십계명의 첫 번째 부분을 노래로 불렀고, 그 후 목사는 다음과 같이 말했다.

"주님이 우리와 함께 하십니다. 함께 주님께 기도합시다."

지면의 제한으로 인해 기도의 전체 내용을 싣지는 않지만 흥미로운 부분은 하나님이 주신 계명의 내용들이 우리의 마음에 새겨지고 영향을 발휘해 우리로 하여금 주님을 기쁘시게 하는 삶을 살게 해달라는 간청이었다.[1]

이후 순서는 스트라스부르교회 예전과 제네바교회 예전이 차이가

---

1 John Calvin, "The Form of Church Prayers and Hymns with the Manner of Administering the Sacraments and Consecrating Marriage according to the Custom of the Ancient Church" ed by Bard Thompson, *Liturgies of the Western Church* (Philadelphia: Fortress Press, 1961), 197-198.

난다. 스트라스부르 예식에서는 회중들이 '십계명'의 남은 부분을 노래로 부르면, 목사는 강단으로 걸어가서 "조명을 위한 기도"를 드리고 성경 봉독 후 설교를 하였다. 제네바 예식에서는 회중이 '시편'을 불렀고, 그 다음 목사는 말씀이 교회를 바르게 세우고 하나님의 영광을 위해 충실히 강설되도록 기도했다.[2] 형식과 내용은 목사의 재량에 맡겼다. 이것은 성령의 조명을 구하는 것으로 이후 개혁파 예배의 중요한 요소가 되었으며 웨스트민스터 예배 모범에도 중요한 순서로 자리매김하였다.

목사는 설교를 마치고 아주 긴 기도를 드렸다. 그 기도의 내용은 위정자와 정부를 위해서, 목회자들과 교회들을 위해서, 그리고 궁핍한 사람들, 질병, 투옥, 추방 등을 포함한 여러 가지 어려운 상황에 처한 모든 사람을 포함했다. 그런데 놀라운 것은 긴 내용 속에서도 주기도문의 구조와 내용을 응용하여 적용하고 있다는데 있다. 종교개혁 당시 대부분 교리문답들의 내용들은 사도신경, 십계명, 주기도문에 대한 해설이었다. 그 중 특히 칼빈은 주기도문을 교리문답뿐 아니라 매주 예배 기도를 통해 풀이하고 적용했다. 그 결과 신자들은 예배에서도 기도의 내용과 구조를 배울 수 있었다.

이후에는 성찬으로 이어지는데, 성찬의 앞부분에는 다음과 같은 내용이 들어갔다.

"우리의 주인이신 예수님은 우리의 죄를 사하시기 위해 십자가에서 단번에 그의 몸과 피를 주셨을 뿐 아니라, 영원한 삶으로의 영양

---

[2] Ibid.

공급으로서 우리에게 그것을 주시기를 원하십니다."

그 다음에 이어지는 말들을 통해 칼빈은 성찬이란 무엇인지, 어떤 목적을 가지고 있는지, 핵심적인 의미가 무엇인지에 대해 간략하게 설명을 한다.

"성찬을 기념하는 방법"에 대하여, 칼빈은 먼저 합당한 참여를 위한 권고가 필요함을 강조한다. 어린이의 경우에는 그들이 충분히 교육을 받고 교회에서 신앙고백을 한 후 성찬에 참여할 수 있다고 가르쳤으며, 교육을 받지 못한 성인들도 먼저 가르침을 받아야 함을 권고하였다.[3] 다음 순서는 신앙고백으로 사도신경을 노래로 불렀고, 목사는 성찬상에 빵과 잔을 준비하였다.

준비가 끝난 후 목사는 하나님의 은혜를 간구하는 기도를 하였다. 기도 후 목사는 어떻게 예수님께서 성찬을 제정하셨는지를 설명했다 (고전 11장). 성찬에 참여하는 자들은 자신을 살펴야 하며, 합당치 않게 주님의 몸과 피에 참여하지 않도록 경고한다. 무엇보다 참여자들은 예수 그리스도의 약속을 믿어야 하며, 그가 우리를 그의 몸과 피의 참여자로 만드심을 강조한다. 그리고 목사는 "우리의 마음을 하나님께로 드높입시다"(sursum corda)라고 말한다.[4]

---

[3] 칼빈은 "성찬은 이미 유아의 시기를 지나 있어서 딱딱한 음식을 취할 수 있는 성인들에게 베풀어지는 것"이라고 말한다. 그의 주된 근거는 고전 11:28-29의 말씀이다. 그는 『기독교 강요』에서 "그리스도의 거룩한 몸을 올바로 분별할 줄 아는 자들만이 성례에 합당하게 참여할 수 있는 것이라면, 우리의 어린 유아들에게 생명을 주는 양식이 아니라 독이 되는 것을 줄 이유가 어디 있는가?"라고 말했다. John Calvin, *Institutes*, IV.xvi.30. 그러나 제네바에서는 신앙고백을 한 어린이들이 11-12살쯤 되면 성찬에 참여할 수 있었다.

[4] John Calvin, "The Form of Church Prayers," 205-207.

그 다음 목사는 자신이 먼저 떡과 잔을 취하고 그 다음은 집사들이, 그리고 모든 회중 순으로 성찬에 참여하였다. 이 순서는 스트라스부르 경우이고, 제네바의 경우에는 성찬의 진행 중간에 시편 찬송을 불렀고, 성경 구절을 낭독하기도 했다. 이후에는 감사의 기도가 드려졌는데, 그 내용은 우리를 죽음에서 구원하시고, 영원한 삶으로 인도하셨으며, 성찬상으로 인도하신 은혜에 감사하고 찬양하는 것이었다. 그 뒤 초대 교회의 관습이기도 한 '시므온의 노래'(Nunc Dimittis, 눅 2:29-32)를 불렀으며, 강복선언(민 6:24-26)으로 모든 순서를 마쳤다.[5]

---

5 Ibid., 208.

〈생각해 보기〉

1. 칼빈은 예배를 어떤 성경 구절을 선언하는 것으로 시작하였나요?

2. 참회와 사죄의 선언 이후 칼빈은 무엇을 노래로 부르도록 하였나요?

3. 스트라스부르 예식과 제네바 예식의 차이점은 무엇인가요?

4. 칼빈의 예배 요소가 웨스트민스터 예배 모범에 끼친 중요한 영향은 무엇인가요?

5. 설교 후 목사가 드리는 긴 기도에서 칼빈은 어떤 기도의 구조와 내용을 응용하고 적용하였나요?

6. 칼빈은 "성찬을 기념하는 방법"을 논하면서 성찬의 합당한 참여를 위해서 먼저 무엇이 중요하다고 강조하였나요?

7. 칼빈은 성찬을 마친 후 초대 교회의 관습인 이 노래를 부르게 하였습니다.
   이 노래는 무엇인가요?

20

존 칼빈의 "시편 찬송집 서문"[1]

제네바에서 일어난 종교개혁운동의 중요한 결과물 중 하나는 바로 '시편 찬송'이다. 칼빈이 스트라스부르에서 머물던 시절 시편 찬송을 접한 후 제네바로 돌아와 데오도르 베자(Theodore Beza), 클레멘트 마로(Clement Marot) 등의 도움으로 시편 찬송집을 만든다.[2] 처음에는 150편 모두를 작업하지는 못했다. 그리고 같은 멜로디로 여러 시편을 불렀다. 이후 1560년대에 들어 '시편 찬송'은 보다 완전한 형태를 갖춘다. 칼빈의 예배신학을 설명하는 두 번째 작품으로 "시편에 대한 서문"을 선택한 이유는 이 서문 안에 시편 찬송에 대한 내용뿐 아니라, 그가 가진 예배신학의 깊이와 풍성함이 잘 나타나기 때문이다.

칼빈은 서문의 첫 시작부분에서 공예배의 중요성에 대해 언급

---

[1] 칼빈의 "Forward to the Psalter"(1545)의 본문은 칼빈신학교 헨리미터 센터에서 일하고 있는 Karin Maag의 영역본을 이용하였다.
[2] Karin Maag, *Lifting Hearts to the Lord: Worship with John Calvin in Sixteenth-Century Geneva* (Grand Rapids: Eerdmans, 2016), 143.

한다. 그는 주일과 평일에 모여서 하나님을 예배하는 것이 성도에게 가장 중요한 것이라고 말한다. 우리는 예배로부터 "유익과 교화"를 얻게 된다. 하나님은 예배의 순서를 따로 제정하지 않으셨는데, 만일 순서를 제정한다면 사도 바울의 가르침에 따라 모두를 바르게 세우는 데 유익해야만 한다(롬 15:2; 고전 14:26; 엡 4:29).[3] 하나님 앞에 순전한 예배는 이해를 추구하는 것이 되어야 한다. 만일 그것이 없다면, 예배의 행위는 기만이 될 것이라고 지적한다. 칼빈은 우리가 진정으로 하나님의 거룩한 규례를 존중한다면 우리는 그것이 무엇을 내포하는지, 그 의미가 무엇이지, 그 목적이 무엇인지를 알아야 한다고 주장한다.[4] 그만큼 칼빈의 예배신학에 있어서 중요한 것은 "알고 예배하는 것," 즉 "이해를 추구하는 예배"이다.

칼빈은 우리 주님이 영적 모임 속에서 지키라고 명하신 것 세 가지를 제시한다. 그것은 '하나님의 말씀을 설교하는 것,' '공적이며 엄숙한 기도,' 그리고 '성례의 시행'이다.[5] 설교에는 의문의 여지가 없으므로 다음 두 가지를 더 자세히 살펴보자.

먼저 칼빈은 공적 기도에 대해서, 이것은 사람들이 사용하는 언어로 그 내용이 이해되어야 함을 주장한다. 고린도전서 14장 15-17절에서 언급하듯, 알지 못하는 언어로 기도한다면 사람들이 아멘으로 화답을 할 수 없기 때문이다. 칼빈은 공적 기도란 것은 모두의 이름으로 모두를 대표하여 행해지는 것이며 모든 회중이 참여자가 되어

---

[3] Ibid.
[4] Ibid., 143-144.
[5] Ibid., 144.

야 함을 주장했다.

칼빈은 성례에 대한 설명 없이 그것을 구경거리로만 삼는 것은 잘못된 관습이라고 지적한다. 그리고 그것들을 이해하기 위해 교리가 반드시 결합되어야 한다고 주장한다. 당시 시행된 미사의 "축성"(consecration)을 예로 든다. 사제는 빵과 잔을 향해 숨을 내쉬고 알아듣지 못하는 말을 내뱉는다. 그리고 사람들은 아무 이해 없이 효과를 맹신했다.

칼빈은 이런 행태를 일종의 미신이라고 비난한다. 진정한 축성은 믿음의 말씀이 선포되고 받아질 때 되는 것이다. 그 대표적인 예가 예수님이다. 예수님께서는 빵에게 이것이 그의 몸이 되어야 한다고 하시지 않고, 제자들에게 "받아서, 먹으라, 이것은 내 몸이다"(마 26:26)라고 말씀하셨기 때문이다. 칼빈은 "예수님이 그것을 어떻게 제정 하셨는가"를 가장 중요한 기준으로 삼았다. 그는 이것이 자신의 혁신과 발견이 아니라 원래 처음부터 주님이 그렇게 시작하신 것이라고 변론한다.[6]

다음으로 칼빈은 공적 기도에 대해 설명한다. 그에 따르면 공적 기도는 두 가지 종류가 있다.

첫째는 말씀만으로 행해지는 것이다.

둘째는 노래(찬송)이다.

칼빈은 이것이 얼마 전 새롭게 발명된 것이 아니라 교회의 첫 기원부터 존재해 온 것이며, 역사로부터 확인될 수 있는 것임을 주장

---

6   Ibid., 145.

한다. 그는 골로새서 3장 16절을 언급하며, 사도 바울의 경우도 '크게 기도하는 것'(playing aloud)을 말하지만, '찬양하는 것'도 함께 언급하고 있음을 근거로 내세운다. 그리고 진실로 우리가 경험으로부터 알 수 있는 것은 "노래라는 것이 사람의 마음을 각성시키고 불붙게 하며, 보다 열렬히 하나님을 찬양하게 하는 위대한 힘이 있다"고 말한다.

그러나 이 노래는 장단점을 함께 가지기 때문에 노래가 "가볍거나 경박해서는 안 되며, 어거스틴(Augustine)이 말했듯이 무게 있고 장엄해야 함"을 강조한다. 이것이 집이나 식탁에서 사람들을 즐겁게 하는 일반 음악과 하나님 앞에서 교회 안에서 불리는 시편의 차이라고 설명한다. 교회 음악에 관한 부분도 칼빈이 어거스틴의 사상에 많은 부분 빚을 지고 있음을 살펴볼 수 있다. 칼빈은 어떤 노래가 합당한 것인가에 대해서 거룩하고, 순수하며, 성도의 교화와 연관이 있어야 함을 판단 기준으로 제시한다.[7]

칼빈은 음악이 가지는 긍정적인 측면과 부정적인 측면 모두 인식했다. 음악은 하나님을 찬양하고 우리를 위로하고, 고양하며, 하나님의 덕과 선함을 묵상하게 하는 힘이 있다. 즉 음악은 하나님이 주신 선물이다. 그러나 동시에 우리의 본성은 하나님에 반하는 사악한 기쁨을 추구하며 육과 세상의 유혹에 의해 마음이 분산되는 성향이 있으며, 그 결과 음악이 오용되는 경우들이 생긴다. 그렇기 때문에 그는 음악에 대해 두 가지 중요한 점을 지적한다. 하나는 가사 혹은 주제이며, 또 하나는 노래 혹은 멜로디이다.

---

[7] Ibid., 145-146.

칼빈은 고린도전서 15장 33절에 나와 있듯이 모든 나쁜 말들이 선한 도덕들을 왜곡함을 말한다. 특별히 가사에 결합된 멜로디는 더 큰 효과를 내어 사람들의 마음에 침투하여 악영향을 미친다고 지적한다. 그러므로 예배 속 노래는 "적절할" 뿐 아니라 거룩해야 하며, 우리로 하여금 하나님께 기도하고 찬양하도록 자극하며, 하나님을 사랑하고 경외하며 공경하고 영화롭게 하기 위해 그의 행하신 일들을 묵상하도록 하는 것이어야 했다. 그래서 칼빈은 어거스틴이 말했듯이, 사람은 하나님으로부터 노래를 받아야 한다. 그렇지 않다면 그 어느 누구도 하나님께 합당한 찬송을 부를 수 없다고 주장한다.

그래서 이런 기준에 따라 칼빈은 성령님이 만드셨고 시인들을 통해 말씀하셨던 시편이 가사로서 가장 적합한 것이라고 주장한다.[8] 칼빈은 바울의 권면(엡 5:19, 골 3:16)을 언급하며, 우리가 시편을 부를 때 하나님께서 우리 입안에 그의 말씀을 넣으시는 것이 된다고 주장한다. 더 나아가 영적인 노래들은 오직 마음으로부터 불릴 수 있으며, 그 마음은 지성(intelligence)을 요구한다고 말하며, 자신이 말하는 것을 알고 노래 부르는 것이 중요함을 역설한다. 즉 마음과 사랑(affection)은 "이해"를 따라야만 한다.[9]

---

8 Ibid., 146.
9 Ibid., 147.

〈생각해 보기〉

1. 칼빈은 제네바에서 누구의 도움을 받아 시편 찬송집을 만들었나요?

2. 칼빈은 예배에서 무엇이 없다면 예배 행위는 기만이 될 것이라 지적하였나요?

3. 칼빈은 주님께서 영적 모임 속에서 지키라고 명령하신 세 가지를 무엇이라 설명하였나요?

4. 칼빈은 성찬에서 진정한 축성은 어떠한 때에 되어지는 것이라 주장하였나요?

5. 칼빈이 설명한 공적 기도의 두 종류는 무엇인가요?

6. 칼빈은 음악이 가지는 부정적인 측면을 무엇이라 설명하였나요?

7. 칼빈은 시편 찬송을 부르는 것을 어떤 그림 언어로 설명하였나요?

8. 오늘날 예배에서 부르는 노래들과 시편 찬송은 어떤 차이가 있나요?

9. 여러분은 음악의 긍정적인 면, 부정적인 면 모두 알고 있나요?

21

북미주 개혁교회의 예배개혁 1

지금까지 루터, 츠빙글리, 마틴 부처, 존 칼빈의 예배개혁에 대해 살펴보았다. 특별히 기존의 인물 중심의 탐구에서 개혁가들의 작품 중심의 연구로 방향을 바꾸어 그들의 중요한 예배신학이 담긴 저작들을 살펴보았다.

개혁교회의 중요한 모토 중 하나는 바로 "개혁된 교회는 계속해서 개혁되어야 한다"(Ecclesia Reformata Semper Reformanda est)이다. 개혁주의 예배를 추구한다는 것은 단순히 16세기 개혁가들이 제시한 예배의 요소와 순서를 지금 그대로 답습한다는 것은 아닐 것이다. 16세기와 21세기는 시간적으로 큰 간격이 있고, 당시 유럽 교회와 현재의 한국 교회는 문화적 차이점도 존재한다. 무엇보다 개혁주의 신학자들 가운데서도 예배와 성찬에 대해 때때로 의견이 좁혀지지 않았다. 이런 점들은 개혁주의 예배의 갱신과 발전을 추구하는 오늘날 한국 교회에 큰 어려움이라 할 수 있다.

그렇다면 우리는 어떻게 종교개혁가들의 예배신학과 정신을 21세기 한국 교회에 성공적으로 접목시킬 수 있을까?

필자는 즉각적인 주장이나 답을 제시하는 것 대신에 북미주 개혁교회들이 시도하고 있는 예배개혁의 모습들을 소개하려 한다. 그들은 종교개혁의 예배 정신을 계승하면서도 현 시대를 살아가는 사람들을 고려하는 예배를 발전시키고자 노력한다. 이 모습을 함께 살펴보면서 교훈을 얻고자 한다.

"북미주 개혁교회"(Christian Refomed Church, CRC)는 네덜란드 개혁교회의 이민자들이 세운 교단이다. 이들은 신학적으로 개혁주의 전통에 굳게 서 있다. A. 카이퍼, H. 바빙크, L. 벌코프 등을 따르며, 최근에는 월터스토프(Nicholas Wolterstorff), 스미스(James K. A. Smith), 필자의 스승인 위트블릿(John D. Witvliet) 등이 개혁신학의 발전을 위해 노력하고 있다.

이들의 특징을 한마디로 요약하자면, 개혁주의 전통에 굳건히 서되 보편 교회와, 현대를 살아가는 사람들이 처한 문화적 배경 또한 이해하려고 노력한다는 것이다.[1] 월터스토프, 스미스, 위트블릿은 로마 가톨릭을 비롯한 북미의 그 어떤 교단에서도 무시하지 못하는 뛰어난 학문성과 더불어 투철한 개혁신앙을 마음에 품고 활발한 저술 활동을 벌이고 있다. 그러므로 이들은 그 누구보다 "개혁된 교회는 계속해서 개혁되어야 한다"의 원칙에 충실하다고 볼 수 있다.

이 교단의 예배개혁 모습과 정신을 두 가지 문서를 통해 살펴보자.

---

1 이 교단의 홈페이지에는 영어, 스페인어뿐 아니라 한국어로도 교단의 신학과 실천의 모습을 담은 다양한 자료들을 제공하고 있다. http://www.crcna.org/resources/other-resources/resources-other-languages(accessed Aug 1, 2017)

첫째, 1968년에 작성된 "북미주 개혁교회 예전 위원회 보고서"(CRC Liturgical Committee Report)이다.[2]

둘째, "변화하는 문화 속에서의 진정한 예배"(Authentic Worship in a Changing Culture)이다.[3] 이것은 1997년 교단내의 목회자들의 요청에 의해 만들어진 보고서였는데 책으로 출간되었다.

이번 장에서는 1968년 교단 보고서를 살펴보자. 이 보고서는 두 가지 측면에서 북미 개혁주의 예배신학의 정립에 큰 공헌을 하였다.

첫째, 이 보고서에서는 기독교 예배를 하나님과 하나님의 사람 사이의 대화라고 주장한다.[4] 하나님이 우리에게 나아오시고, 우리가 하나님께 응답하며 나아가는 이 두 움직임 속에서 예배의 요소와 순서를 설명한다. 이 특징은 예배를 인간의 행동으로 여기거나 예배자들을 수동적인 방관자로 여기는 잘못 모두를 효과적으로 교정할 수 있다.

둘째, 1965년 네덜란드 개혁교회(Gereformeerde Kerken) 총회의 주장에 동조하며 예배 안에서의 네 가지 주요한 모티브를 강조한 점이다. 그것들은 '성경적 모티브'(the biblical motif), '공교회적 모티브'(the catholic motif), '신앙고백적 모티브'(the confessional motif), '목양적 모티브'(the pastoral motif)이다.[5] 보고서는 현대적이고 실험적인 예배가 범람하는

---

2 CRC Liturgical Committee, "1968 CRC Liturgical Committee Report," 1–65.
3 CRC Publications, *Authentic Worship in a Changing Culture* (Grand Rapids: Faith Alive, 1997)
4 Ibid., 4
5 Ibid., 22–24

상황 속에서 바람직한 예배를 평가하고 개혁하는 기본적인 기준들을 제시하였다.

이것들을 다음과 같이 설명할 수 있다.

우리의 예배와 예전은 성경적인가?

그리고 공교회적인 차원에서, 교회의 역사 속에서, 그리고 현재 그리스도의 보편적 몸과 밀접한 연관이 있는가?

교회의 신앙고백과 충돌하지 않으며 교회의 믿음이 무엇인지, 그것의 희망이 무엇이며, 그것의 삶이 무엇인지를 나타내고 있는가?

목양적인 측면에서 볼 때 현 시대를 살아가고 있는 하나님의 사람들의 필요에 귀를 기울이고 있는가?

이 보고서에 따르면 위와 같은 질문들은 개혁주의 예배의 현대화에 큰 도움을 주는 기준이 된다.

비록 지금으로부터 50년 전에 작성된 북미주 개혁교회의 교단 보고서이지만 종교개혁 500주년을 맞이한 한국 교회에 주는 교훈이 분명히 있다. 북미의 저명한 예배학자인 토마스 롱은 오늘날 예배 현실을 "예배 전쟁"(Worship War)과 같다고 표현하였다.[6] 예배, 예전, 교회 음악에 대한 다양한 견해들이 난무하고 있으며, 심지어 한 교회 안에서도 세대 간 예배의 격차(generational gap)가 나날이 벌어지고 있는 실정이다.

이런 상황 속에서 북미주 개혁교회는 그들이 물려받은 예배 자체

---

6 Thomas G. Long, *Beyond the Worship Wars*: *Building Vital and Faithful Worship* (Lanham, MD: Rowman & Littlefield, 2001). 이 책은 『예배와 그리스도인의 삶』(CLC)으로 출간됨.

를 절대시하거나 안주하지 않았다. 그들은 예배와 예전의 실천이 성경적인 지지를 받고 있는 것인지, 그것이 공교회적 연관성이 있으며 바른 교리에 의해 점검을 받고 있는지를 기준으로 삼고 자신들의 예배를 지속적으로 점검하고 변화시키려 노력했다. 무엇보다 목양적인 차원에서 현시대를 살아가고 있는 사람들의 생각과 문화를 무시하지 않고 배려하면서 성도들의 능동적인 예배 참여를 기획했다. 그들이 보여준 자세는 예배 전쟁 속에 있는 한국 교회에 큰 교훈을 준다.

〈생각해 보기〉

1. 오늘날 개혁주의 예배를 추구할 때에 우리가 염두에 두어야 할 점은 무엇일까요?

2. 북미주 개혁교회(CRC)의 특징을 요약한다면 무엇이라 할 수 있을까요?

3. 1968년 북미주 개혁교회 교단 보고서는 기독교 예배를 무엇이라 정의하였나요?
그리고 이러한 시각의 장점은 무엇인가요?

4. 1968년 북미주 개혁교회 교단 보고서는 네덜란드 개혁교회 총회의 주장에 동조하여 예배 안에서의 네 가지 주요 모티브를 무엇이라 설명하였나요?

5. 북미의 저명한 예배학자 토마스 롱(Thomas Long)은 오늘날의 예배 현실을 무엇과 같다고 표현하였나요?

6. 북미주 개혁교회의 노력들이 오늘날 한국 교회에 주는 교훈은 무엇인가요?

22

북미주 개혁교회의 예배개혁 2

앞선 장에서 북미주 개혁교회의 예배개혁 모습들을 1968년 교단 보고서를 중심으로 설명하였다. 그로부터 30년이 지난 1997년에는 상황이 또 바뀌었다. 교단(CRC) 내에서도 예배의 통일성을 유지하기가 힘들었다. 다양한 예배의 신학과 실천이 전개되었기 때문이다. 1963년에 제2차 바티칸 공의회에서 "전례헌장"이 공포되고 난 후 전 세계적으로 많은 교단들은 예배에 참여하는 회중들이 "의식적(意識的)이고, 능동적이며, 완전하게 참여"하도록 현대적 언어와 문화에 적합한 예배의 형식을 추구하게 되었다.[1]

이에 따라 북미주 개혁교단도 자신들이 전수받은 소중한 유산인 개혁주의 전통을 어떻게 이 시대에도 발전시킬 수 있을까를 고민했다. 그리고 마침내 교단 내의 주요 학자들과 목회자들이 "변화하는 문화

---

[1] "Constitution on the Sacred Liturgy of the Roman Catholic Church" in Austin P. Flannery, *Vatican Council II: The Conciliar and Post Conciliar Documents* (Collegeville: Liturgical Press, 1975), 16–17.

속에서의 진정한 예배"라는 소책자 겸 보고서를 작성했다.[2]

책의 첫 부분에서는 최근의 개신교 예배에 영향을 준 4가지 요소가 무엇인지에 대해 설명하고 있다.[3] 그것은 "범세계적인 에큐메니칼 예전운동"(Worldwide Ecumenical Liturgical Movement), "은사운동"(Charismatic Movement), "방문전도"(front door evangelism), "문화적 다양성"(Cultural Diversity)이다.

첫째, 1960년대 이후 예전갱신운동으로 인해 범세계적으로 예전에 대한 관심이 많아졌다. 그래서 초대 교회 예배의 사례로부터 지혜를 얻어 예배의 회복을 꾀하는 움직임이 늘어났다. 손쉬운 예로 고대교회의 말씀과 성찬의 패턴이 매주일 예배의 일상적인 패턴이 되어야 한다는 견해이다.

둘째, 은사운동이다. 은사운동이 현대 예배에 미친 영향의 예는 회중의 "능동적 참여"에 대한 강조와 "경배와 찬양운동"(praise and worship movement)이다.

셋째, 방문전도이다. 전도에 대한 강조가 예배의 모습에 영향을 미친 것이다. 근래에 많은 목회자들은 예배를 전도의 도구로 간주하는 경향이 있어왔다. 흔히 우리가 익숙하게 들어온 용어인 "구도자 예배"(seeker-sensitive worship, seeker-driven worship)는 이런 운동들의 결과로 나타났다고 볼 수 있다. 전도에는 큰 도움을 주었을지 몰라도 소비자중심적인 예배의 형태는 때때로 예배의 본질을 훼손하는 경우도

2　CRC Publications, *Authentic Worship in a Changing Culture* (Grand Rapids: Faith Alive, 1997)

3　Ibid., 4-9.

있음을 알 수 있다.

넷째, 문화적 다양성이 예배의 모습에 큰 영향을 미쳤음을 알 수 있다.

미국은 세계 그 어떤 나라보다 다양한 인종, 세대, 언어, 문화가 함께하는 사회이다. 사회에 발 딛고 있는 교회 역시 이런 다양성에 영향을 받는다. 전 세대를 포함하는 예배 기획이 관심을 끌고 평신도들이 예배팀에 참여하기 시작했으며 음악 스타일에서도 다양성이 증가하기 시작하였다. 예를 들면 북미주 개혁교회의 경우 시편 150편을 완벽하게 현대화한 "시편 찬송"(psalter hymnal)이 있지만, 젊은 세대와 다양한 찬송을 모은 찬송집(Sing! A New Creation)도 있다.

현대적 예배의 형성에 영향을 미친 요소들에 대한 설명을 마치고 이어서 "변화하는 문화 속에서의 진정한 예배"에서는 다양한 신학적 숙고(theological reflection)를 개진한다. 지면 관계상 모든 것을 다룰 수는 없고 북미주 개혁교회에서 이 문서를 작성한 위원회에게 특히 확인하기를 부탁하였던 개혁주의 예배 전통의 8가지 특징을 살피면서 앞으로 우리가 관심을 가져야 할 부분들을 확인하고자 한다.

① 예배에 대한 구속사적 관점은 예배 안에서 관계성들의 풍부한 교제를 진지하게 받아들인다. 예를 들면 삼위 하나님 간의 관계, 하나님과 그의 백성 간의 관계, 하나님 백성들 간의 관계를 말한다. 이 관점은 하나님을 예배하고 사랑하는 것과 이웃을 사랑하는 것, 그리고 이들의 통합성에 대한 필요를 진지하게 받아들이게 한다.

② 개혁주의 예배는 성부, 성자, 성령님에 대한 균형 잡힌 관심을 추구한다. 미국의 저명한 기독교윤리학자인 리처드 마우(Richard Mouw)는 이런 유명한 말을 했다.

"우리는 예배 속에서 자신이 선호하는 삼위의 한 위격만 경배하는 경향이 있다."[4]

개혁주의 예배는 삼위 하나님에 대한 균형 잡힌 예배를 추구한다. 예배의 구조와 내용 속에서 이런 요소들을 발견할 수 있다.

③ 설교를 하나님의 말씀의 선포로 받는 것이다. 그래서 이것은 단순한 강의나 교훈이 아니라 하나님과의 영적인 만남이다. 따라서 개혁주의 예배에서는 성례뿐 아니라 성경 봉독과 설교 전 성령님의 조명을 위한 기도 순서를 가진다.

④ 교리설교를 강조한다. 이것의 예는 교리문답 설교이다. 물론 교리설교가 강의가 되지 않도록 주의해야 한다.

⑤ 성례에 그리스도께서 임재하심을 강조한다. 이것은 성례에 대한 칼빈의 견해를 따르며 단순한 상징적 이해에 반대한다.

⑥ 예배는 하나님과의 진정한 만남이다. 이 관점에 따라 예배의 행동들을 강조한다. 인사, 사죄선언, 조명을 위한 기도, 그리고 강복선언이 대표적이다.

⑦ 회중 찬송이 예배 음악의 핵심이다. 이것은 회중 찬송이 예배의

---

4 Richard Mouw, *The God who Commands* (Notre Dame, IN: University of Notre Dame Press, 1991), 150.

각 부분에 통합되어 있다는 것을 의미할 뿐만 아니라 다양한 예배음악의 형태로 인해 회중 찬송이 축소되거나 생략되어선 안 된다는 것을 의미한다.

⑧ 시편 찬송의 가치를 인정한다. 개혁교회의 시편과 구약성경의 강조는 구속사적 신학과 밀접한 관계를 가지고 있다.[5]

혹자는 위와 같은 개혁주의 예배의 특징들을 강조한다면 전통주의(traditionalism)에 함몰될 것이라고 우려한다. 그러나 펠리칸이 말하듯, "전통주의는 살아 있는 자들의 죽은 신앙이요, 전통은 죽은 자들의 살아 있는 신앙"이다.[6] 우리는 개혁주의 전통의 현대화를 통해 늘 개혁해 가는 예배를 추구해야 한다.

북미주 개혁교회들은 '우리가 세상에서 예배드리지만, 세상에 속한 예배를 드리는 것은 아니라는'(worship in the world But not of the world) 것을 견지한다.[7] 그래서 성경적인 예배, 개혁주의 전통이 주는 장점 위에서 현대를 살아가는 사람들의 생각과 필요, 문화를 고려하는 예배를 정립하고자 애쓰고 있다. 비록 그들이 처한 문화, 배경이 한국 교회와 차이가 있더라도, 예배개혁에 그들이 보인 자세는 우리에게 많은 교훈을 던져준다.

---

5 CRC Publications, *Authentic Worship in a Changing Culture*, 76-78.
6 Jaroslav Pelikan, *The Vindication of Tradition: The 1983 Jefferson Lecture in the Humanities* (New Haven: Yale University Press, 1984), 65.
7 칼빈신학교의 예배연구소의 홈페이지에서는 이들의 예배에 대한 신념과 노력이 자세하게 나와 있다. http://worship.calvin.edu/about/mission.html (accessed Aug 31, 2017)

〈생각해 보기〉

1. 전 세계적으로 많은 교단들이 현대적 언어와 문화에 적합한 예배 형식을 추구하게 된 계기는 무엇인가요?

2. 최근의 개신교 예배에 영향을 준 4가지 요소는 무엇인가요?

3. 현대의 예배(예전) 변화 중 초대 교회의 예배 사례로부터 지혜를 얻고자 하는 대표적인 움직임은 무엇일까요?

4. 구도자 예배는 예배의 어떤 측면을 강조한 결과라 할 수 있나요? 그리고 이에 대한 비판점은 무엇인가요?

5. 북미의 저명한 기독교윤리학자인 리차드 마우(Richard Mouw)는 균형 잡힌 예배의 중요성을 강조하면서 어떠한 말을 남겼나요?

6. 설교와 강의의 중요한 차이점은 무엇인가요? 그리고 설교의 중요성을 강조하기 위해 개혁주의 예배에서 가지는 예배 순서는 무엇인가요?

7. 북미주 개혁교회들이 예배에 있어서 중요하게 견지하는 모토는 무엇인가요?

23

북미주 개혁교회의 예배개혁 3
칼빈신학교 워쉽 심포지엄

　북미주 개혁교회는 앞서 살펴보았듯이 예배개혁을 향해 많은 노력들을 보인다. 필자는 그 노력들 중 가장 선명하게 드러나는 노력은 칼빈신학교(Calvin Theological Seminary, Grand Rapids, MI)에서 주관하는 '워쉽 심포지엄'(Calvin Symposium on Worship)이 아닐까 생각한다. 칼빈신학교에는 여러 연구소가 있는데 그 중 '칼빈예배연구소'(Calvin Institute of Christian)는 학문과 사역 현장의 가교 역할을 충실히 감당하며 활발하게 활동하고 있다.[1]

　예배연구소의 소장은 북미의 저명한 예배학자인 존 위트블릿(Dr. John Witvliet) 박사이다. 그는 필자의 스승이며 석사 논문을 지도해주었다. 사실 존 위트블릿은 작년에 은퇴한 역사학자인 리처드 멀러(Richard Muller)와 더불어 칼빈신학교를 대표하는 학자이다. 굉장히

---

1 칼빈예배연구소의 홈페이지 주소는 다음과 같다. http://worship.calvin.edu/ (accessed Aug 14, 2017).

젊은 나이에도 불구하고 개혁주의를 대표하는 예배신학자로 북미의 다양한 교단들, 그리고 유럽과 아시아권에도 이름을 떨치고 있다.

이 칼빈예배연구소에서는 예배의 역사, 신학, 그리고 예배 기획에 대한 귀한 자료를 제공할 뿐만 아니라 예배의 이론과 실천을 다루는 다양한 저서들을 출판하고 있다. 그리고 오늘 소개할 '워십 심포지엄'을 개최한다. 이 심포지엄은 매년 1월 마지막 주에 2박 3일 동안 열린다. 이 심포지엄에는 수많은 학자들, 목회자들, 음악가들, 평신도들이 참여해 개혁주의 예배의 현대화를 함께 논의하고 고민한다.[2]

워십 심포지엄에는 미국 최고의 강사들이 모인다. 매년 90여 명의 기독교 예배와 관련된 발제자들(신학자, 음악가, 목회자)과 패널들이 참여한다. 월터 브루그만(Walter Brueggemann), 마르바 던(Marva Dawn), 톰 라이트(Tom Wright), 돈 샐리어스(Don Saliers), 토마스 롱(Thomas Long), 제임스 스미스(James Smith)와 같이 이름만 들어도 모두가 아는 각 분야 최고 수준의 학자들이 참여했다. 이런 강사들은 기독교 예배의 역사, 신학, 음악, 실천 등 다양한 주제를 강의한다. 강의 후에는 저자에게 직접 질문을 하는 시간이 주어지며 참여자들이 함께 토론을 할 수 있다. 이를 통해 보다 깊은 이해의 기쁨을 누릴 수 있다.

신학 강의만 있는 것은 아니다. 심포지엄에는 다양한 교회 음악가들도 참여한다. 찬양 인도를 어떻게 할 것인지, 시편 찬송은 어떻게

---

[2] 홈페이지에는 워십 심포지엄의 동영상과 강의 자료들이 업로드 되어 있다. 경제적, 시간적 이유로 참가하기가 쉽지 않지만, 매년 업로드 되는 자료들을 확인하는 것은 큰 유익을 줄 수 있다고 본다. http://worship.calvin.edu/symposium/post-conference-information.html (accessed Aug 14, 2017)

부르는지, 멀티미디어를 어떻게 사용할 것인지 등 보다 실제적인 내용을 배우고 적용을 고민하는 다양한 강좌가 개설된다.

필자에게 인상 깊었던 것 중 하나는 '재즈 저녁 기도회'(Jazz Vesper)라는 강의였다. 초대 교회로부터 내려오는 저녁 기도회의 전통을 존중하며 거기에 맞는 음악을 어떻게 준비하고 연주할 것인가에 대한 강의였다. 음악가가 피아노와 악기들을 직접 연주하면서 시편 찬송과 찬송가를 고전적인 연주 스타일, 현대적인 재즈 스타일 등으로 다양하게 연주했다. 음악뿐만 아니라 세대 통합 예배는 어떻게 준비할 것인지, 성찬을 어떻게 집례하며, 예배 기획은 어떻게 할 것인지 등 예배학의 현대적 이슈들도 참여자들이 함께 토론한다.

흥미로운 강연과 기획이 있는 워쉽 심포지엄에 대한 관심은 매우 뜨겁다. 북미에서만 1400명이 넘는 사람들이 참가할 뿐 아니라, 세계 30여개가 넘는 나라에서 개혁주의 예배를 추구하는 사람들이 모인다. 필자가 석사 과정에서 공부하고 있을 때 당시 일본에서 사역하셨던 한 선교사님은 20명이 넘는 일본 성도들을 이끌고 참여하셨다. 일본 복음화율이 1%가 넘지 않는 것을 생각하면 굉장히 많은 분들이 참여하였다. 그들은 예배를 사모하고 예배개혁과 현대적 접목에 관심이 있었기 때문에 워쉽 심포지엄을 찾은 것이다. 일본 성도들의 열정을 보면서 '아! 예배개혁은 단순히 학자들의 신학적 비평만으로 되는 것이 아니라 교회 전체가 관심을 보여야 가능하겠구나'라는 생각을 하기도 했다.

만일 워쉽 심포지엄에 관심 있는 독자들 중 언어 문제가 걱정된다면 신학교 측에 통역 서비스를 요청할 수 있다. 필자가 공부하던 당시에도 칼빈대학과 신학교에는 일본에서 온 유학생들이 있어서 그들이 본국에서 온 성도들과 함께하며 통역서비스를 제공했다.

최근 한국에서도 미국의 워쉽 심포지엄에 영향을 받아 비슷한 형태의 예배 심포지엄을 개설하려는 움직임이 있다. 워십리더코리아에서 주최하는 '글로벌 워쉽 컨퍼런스'(Global Worship Conference)와 감리교 신학대학교의 '예배 컨퍼런스'가 대표적인 사례이다. 물론 아직은 칼빈신학교의 예배 심포지엄처럼 다양하고 무게 있는 강사들과 프로그램이 부족하다. 그리고 예배의 토착화에 대한 진지한 고민보다는 북미의 예배신학과 교회 음악의 수입에 급급한 형편이다.

하지만 종교개혁 500주년을 기점으로 앞으로 국내 다양한 교단들의 예배학자, 신학자들, 교회 음악가들, 기독교 미술가들, 그리고 무엇보다 성도들이 참여한 예배 심포지엄을 열어서 한국 교회에 많은 도움을 제공하는 즐거운 기대를 해본다.

〈생각해 보기〉

1. 칼빈신학교가 예배에 대하여 학문과 현장의 가교 역할을 감당하기 위해 세운 연구소의 이름은 무엇인가요?

2. 칼빈예배연구소의 대표적인 활동은 무엇이 있나요?

3. 한국적 상황 속에서 만약 워쉽 심포지엄을 개최한다면 어떤 주제를 다루는 것이 유익할까요?

24

종교개혁가들의 예배신학을 마무리하며

지금까지 우리는 16세기의 대표적인 종교개혁가들인 루터, 칼빈, 부처, 츠빙글리의 예배신학을 담고 있는 주요 저작들을 살펴보았다. 루터의 소논문들, 츠빙글리와 칼빈의 주요 저작들, 마틴 부처의 "근거와 이유"(Grund und Ursach)와 같은 논문들을 보면서 아마도 다음과 같은 질문을 던졌을 수도 있을 것이다.

"왜 종교개혁가들의 예배신학이 그토록 다양하고, 때로는 의견이 상충될 때도 있으며, 왜 그들의 사상이 통일되지 못했는가?"

"통일된 하나의 예배 지침을 내려주면 모든 것이 해결될 텐데, 왜 종교개혁가들은 그토록 치열하게 논쟁했는가?"

"그들 중 우리는 지금 누구를 따라야 하는가?"

여기에 대한 답변들은 책 한 권으로 감당할 수 없을 정도로 복잡하고 미묘한 문제들이 얽혀 있을 것이다.

그러나 간단한 답은 제시할 수 있다. 우선 종교개혁가들의 예배신학을 지형도로 그려보는 것이다. 세계적으로 저명한 예배학자인 제임스 화이트(James F. White)는 그의 저서 『기독교 예배학 개론』(Introduction to Christian Worship)에서 종교개혁가들과 감리교, 청교도, 프론티어 워쉽 등의 예배학의 가계도를 마치 지도를 그리듯(mapping) 한눈으로 보기 쉽게 배열해 놓았다.[1]

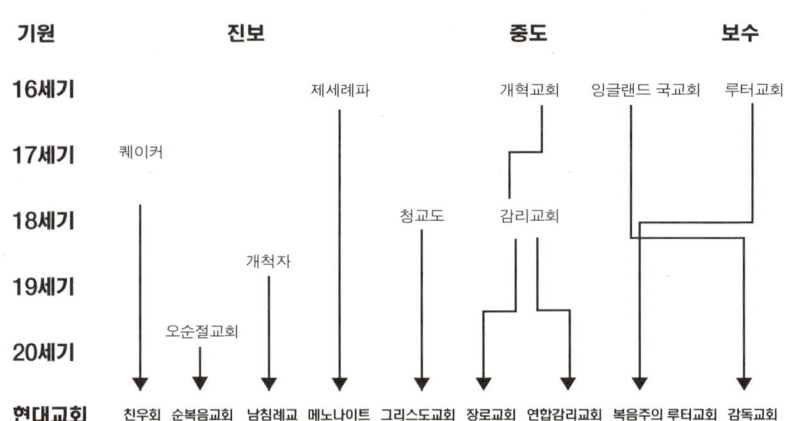

16세기의 개신교 내에서 예전이 가장 적은 교단부터 가장 많은 교단까지를 배열하자면 다음과 같다.

"재세례파-개혁교회-잉글랜드 국교회(성공회)-루터교회"

17세기의 상황에서 살펴보면 청교도가 등장하는데, 청교도의 예배는 개혁교회와 재세례파 사이에 위치한다. 그 이유는 청교도 예배가 개혁교회보다는 예전이 단순하다라는 의미이다. 18세기에 감리교

---

1 James F. *White*, 『기독교 예배학 개론』, 김상구 · 배영민 옮김 (서울: CLC , 2017), 55.

가 발흥하게 되는데, 감리교 예배는 예배학적으로 보았을 때 개혁교회와 잉글랜드 국교회 사이에 위치한다. 19세기에는 한국 초기 선교사들의 예배신학에 큰 영향을 미쳤던 '프론티어 워십'이 등장한다. 프론티어 워십은 미국의 서부개척 당시 개척자들의 예배 형태로 쉽게 말하면 한국의 부흥회 형식의 예배라고 볼 수 있다. 그러므로 이것은 청교도의 예배보다도 더 단순한 형태이며 청교도와 재세례파 사이에 위치할 수 있다. 그렇다면 20세기의 상황 속에서 이 모든 것을 하나로 배열해 본다면 다음과 같다.

"재세례파-프론티어 예배-청교도-개혁교회-감리교회-루터교회-잉글랜드 국교회(성공회)"

쉽게 설명하자면 잉글랜드 국교회 방향으로 갈수록 예전이 복잡하고 순서가 많아진다. 반대로 재세례파 방향으로 갈수록 예전이 단순하고 순서가 적어진다. 여러 교파들 사이에서도 차이가 나지만 장로교회가 속한 개혁교회 내에서도 칼빈과 마틴 부처의 예전은 츠빙글리의 예전보다 조금 더 풍성하며 여러 가지 차이를 보인다.

그렇다면 왜 이렇게 예전이 다양해졌을까?

어떤 요인이 차이를 초래했을까?

'바로 이것입니다!'라고 쉽게 답하기는 어렵다. 아무래도 복합적인 요인이 작용했을 것이다. 이 예전의 가계도들은 서방 예전의 계보 속에서 발전했는데, 지역적인 예전의 특징, 개혁가들의 성경 해석 원리, 예전적 전통을 어떻게, 어디까지 받아들일 것인가에 대한 신학적 견해의 차이, 그 시대를 살아가는 사람들의 문화적, 시대적 상황 속에서의 영향 등, 다양한 요인들이 복합적으로 작용한 결과물이라 볼 수 있다. 신학자들과 성도들은 가장 성경적이면서 바른 예배를 추구하였다. 그러나 신약성경 속에 명시적인 예배의 순서가 주어져 있지 않았기 때문에, 그 과정 속에서 어떤 부분은 생각이 일치하고, 어떤 부분은 상충하거나 대립하게 되었던 것이다.

우리는 16세기의 종교개혁을 이끌었던 칼빈이 『기독교 강요』 4권에서 언급했던 내용을 주목할 필요가 있다.

"교회가 외적인 규율의 차이로 다른 교회를 경멸해서는 안 된다."[2]

이것은 21세기를 살아가는 우리에게도 중요하다. 한 교단 안에서도 예배의 요소와 순서에 대한 의견의 차이가 있을 수 있다. 그러나 바른 예배를 향한 열심이 상호 간의 불화와 분열의 원인이 되어서는 곤란하다. 서로가 서로의 입장을 존중해야 한다. 그리고 성경적이고 개혁적인 예배를 함께 만들어가고자 하는 열린 태도가 필요하다.

앞으로 한국 교회의 예배 발전을 위해서는 초대 교회와 종교개혁의 예배를 연구하고 예배의 신학과 정신을 본받으려 애써야 한다. 그러나 동시에, 현 시대를 살아가는 사람들의 생각과, 그들에게 영향을 주고 있는 문화에 대한 연구도 절실히 필요하다. 예배개혁은 과거의 예배개혁을 단순히 답습하는 것이 아니라, 성경적 토대에 충실하되 예전적 창의력을 가지고 이 시대에 새로운 모습으로 발전시킬 필요가 있다.

---

[2] Inst., IV.x.32.

〈생각해 보기〉

1. 『기독교 예배학 개론』이란 책에서 종교개혁가들 간의 예배신학을 가계도 방식으로 비교 설명한 예배학자의 이름은 무엇인가요?

2. 재세례파와 잉글랜드 국교회(성공회)의 예전을 비교한다면 두 교파 간의 예전에 대한 차이를 어떻게 설명할 수 있을까요?

3. 교파들 간의 다양한 예전의 차이를 초래한 요인들은 어떤 것들이 있나요?

4. 신학자들과 성도들이 가장 성경적이면서도 바른 예배를 추구하였지만 각자 다양한 견해를 취한 탓은 무엇인가요?

5. 21세기를 살아가는 우리에게 외부 규율 차이에 대한 칼빈의 가르침이 주는 교훈은 무엇인가요?

6. 지금까지 살펴본 종교개혁가들의 다양한 예배신학이 오늘날 우리에게 도전하는 바는 무엇인가요?

부록

예전과 신앙 형성에 대한 존 칼빈의 견해[1]

들어가면서

존 칼빈의 예배신학은 16세기 당대뿐 아니라 지금까지 개혁파와 장로교 교회들의 신학과 실천에 큰 영향을 끼쳐왔다.[2] 전 세계 곳곳에서 종교개혁 500주년을 기념해 종교개혁가들의 신학 사상과 예배 실천에 대한 재조명이 이루어지고 있다. 이때 한국 장로교의 예배신학에 가장 큰 영향을 주었다고 평가되는 존 칼빈의 예배신학을 살펴보는 것은 큰 의미가 있다.

전통적으로 한국 교회는 신앙 형성적 차원에서 하나님의 말씀과 교

---

1 본 논문은 필자의 저서 *Engraved upon the Heart*의 chapter 2를 수정 보완한 것이다. Hwarang Moon, *Engraved upon the Heart: Children, the Cognitively Challenged, and Liturgy's Influence on Faith Formation* (Eugene, OR: Wipf & Stock Publisher, 2015). 이를 허락해 준 Wipf & Stock 출판사에 감사드린다.

2 Ray Lanning, "Foundations of Reformed Worship," in *Living for God's Glory: An Introduction to Calvinism*, ed. by Joel R. Beeke (Sanford, FL: Reformation Trust, 2008), 231–32.

리가 가장 중요한 요소라고 강조해왔다. 그러나 눈에 보이는 말씀이라 불리는 성찬과 예전적 실천(liturgical practice)에 대해서는 상대적으로 그 중요성을 간과해왔다고 볼 수 있다. 거기에는 중세의 로마 가톨릭이 보여준 예전에 대한 과도한 강조와 잘못된 사용에 대한 반발감이 크게 작용하였다고 볼 수 있다.

그렇다면 한국의 개신교단들의 신학과 실천에 가장 큰 영향을 주었던 존 칼빈은 예전(liturgy)에 대해서 어떻게 생각하였을까?

예전에 대해서 어떤 태도를 취하였으며, 예전과 신앙 형성의 연관성에 대해 어떤 견해를 피력했을까?

지금까지 칼빈에 대한 연구는 그의 주저인 기독교 강요를 중심으로 이루어졌다. 예배와 성례에 대한 칼빈의 견해도 주로 『기독교 강요』를 중심으로 이루어졌다. 그러나 북미의 저명한 개혁주의 예배학자인 존 위트블릿(John Witvliet)은 칼빈에 대한 연구가 다른 중요한 이미지를 희생하면서 『기독교 강요』에만 너무 집중되는 경향이 있다고 지적하였다.[3] 즉 칼빈의 예배신학을 정확히 분석하기 위해선 칼빈의 주석들, 예배 규범(worship directory), 편지들, 소논문들을 종합적으로 참고하여야 한다는 것이다.

본 연구는 칼빈의 다양한 저술들을 살펴보며 과연 존 칼빈은 예전과 그것의 사용에 대해 어떻게 생각하였으며, 과연 그것이 신자의 신앙 형성에 어떤 영향을 준다고 생각했을까를 살펴보고자 한다. 필자

---

3   John D. Witvliet, *Worship Seeking Understanding: Windows into Christian Practice* (Grand Rapids: Baker, 2003), 129.

는 칼빈이 신앙 형성과 발달에 있어서의 예전의 중요성을 인지하였고 그것의 실천과 반복이 형성적 힘(formative power)을 가진다는 생각을 가지고 있었음을 증명할 것이다.

1. 예전에 대한 칼빈의 견해

일반적으로 대다수의 개혁파와 장로교 교회들은 칼빈이 예전과 "세레모니"(ceremony)에 관해 부정적인 견해를 가졌다고 생각한다.[4] 듀크대학교에서 오랫동안 조직신학과 예전학을 가르쳤던 지오프리 웨인라잇(Geoffrey Wainwright)은 다음과 같이 지적한다.

"가장 강력하게 부차적인 세레모니를 악마적이고 우상 숭배적이라고 관련시켰던 사람은 바로 존 칼빈이었다."[5]

물론 16세기 당시 칼빈의 개혁, 특별히 제네바에서 그가 주도한 개혁을 볼 때 웨인라잇의 지적은 꽤 명확하다고 볼 수 있다. 그러나 존 위트블릿이 주장하듯 칼빈은 단순히 "완고한 우상파괴자"나 "로마 가

---

[4] Elsie Anne Mckee, "Context, Contours, Contents: Towards a Description of the Classical Reformed Teaching on Worship," *The Princeton Seminary Bulletin* 16 (1995), 187. 맥키는 왜 프로테스탄트들이 그들이 물려받았던 의식(rite)들을 반대했는가에 대해 몇 가지 분석을 제시한다. "첫번째는 윤리적인 것이다." 프로테스탄트들은 "정교화된 세레모니"들은 사람들의 마음을 빼앗고 낭비적인 것이라고 보았다. 더욱이 당대의 성례에 관한 예전들이 "마술적"이거나 "비성경적" 그리고 "선행"과 관계있는 것도 큰 이유 중의 하나였다. 그러므로 프로테스탄트들은 "성경적 강해설교," "성례에의 공동적 참여," "회중 찬송"을 강조하였다.

[5] Geoffrey Wainwright, *Doxology: The Praise of God in Worship, Doctrine an Life* (New York: Oxford University Press, 1980), 266.

톨릭 형태들의 열렬한 반대자"가 아니었다. 칼빈의 저술들은 "기독교 예전의 가치, 목적, 본성에 대한 놀랍고도 일반적으로 잠재된 가치"를 가지고 있다.[6]

칼빈은 예전 자체를 거부하지 않았다. 존 위트블릿은 "칼빈의 의도는 공적 예배에 있어서 예전의 남용이 근절되어야 하는 것이지, 예전 자체의 폐지는 아니었다"라고 언급한다.[7] 칼빈은 마음으로부터 오는 "신실한" 그리고 "영적인" 예배를 강조했다.[8] 몇몇 신학자들은 칼빈이 예전의 사용에 대해서는 거의 관심이 없고, 그는 오직 "말씀의 예전"에만 흥미를 가졌다고 믿는다.[9] 그러나, 칼빈은 예배에 있어서 형태가 반드시 존재해야 하며, 외부적 형태 자체는 불필요한 것이 아니라고 믿었다. 칼빈은 다음과 같이 말했다.

> 마음의 내적 예배는 만약 사람 앞에서의 외적인 고백이 없이는 충분하지 않다. 종교는 마음속에서 그것의 적합한 자리를 진정으로 가진다. 그러나 이것에 근거해서 공적 고백이 그것의 열매로서 뒤따라온다.[10]

---

6 John D. Witvliet, *Worship Seeking Understanding*, 127.
7 Ibid., 133.
8 John Calvin, "Commentaries on Hosea," *Calvin's Commentaries*, vol. 13, trans. John Owen (Grand Rapids: Baker, 2005), 233.
9 LindaJo H. McKim, "Reflections on Liturgy and Worship in the Reformed Tradition," in *Major Themes in the Reformed Tradition*, ed. by Donald K. Mckim (Eugene, OR: Wipf & Stock, 1998), 306.
10 John Calvin, "Commentaries on the Book of Genesis," *Calvin's Commentaries*, vol. 1 trans. John King (Grand Rapids: Baker, 2005), 354.

즉 내면의 신실함은 적절한 형태로 표현되어야 함을 칼빈은 주장한다.

예를 들면 기도에 관한 언급에서, 칼빈은 다음과 같이 말했다. "무릎을 꿇는다든지, 머리에 쓴 것을 벗는다든지 하는 습관적인 몸의 자세들은 하나님을 더 높이 받들고자 하여 행하는 것이다."[11]

즉 그는 기도에 있어서 외적인 형태의 사용을 거부하지 않았다. 그는 형태(form)는 사람이 "하나님을 경배"하는 마음을 고양시키는 데 도움이 되어야 한다고 믿었다. 왜냐하면 "생각이 위를 향하지 않은 상태에서 드리는 기도는 순전하지 못하다"고 생각했기 때문이다.[12] 계속해서 칼빈은 말했다.

> 하나님께서는 실제로 눈에 보이는 성소에서 그의 현존에 대한 실제 표를 주셨지만, 그의 백성의 감각과 생각을 이 지상의 요소들에 묶으려는 목적을 위한 것이 아니었다. 그는 이러한 외부 상징이 사다리 역할을 하여 신실한 자들이 천국으로 올라갈 수 있기를 바란다.[13]

그에게 있어서 예배에 있는 외적인 요소는 그 자체에 효력이 있는 것이 아니다. 그러나 그것은 도구로서 사람들로 하여금 하나님을 대면하고(encounter) 사다리와 같이 사람의 마음을 올라가게 하는 것

---

11 John Calvin, *Institutes*, III.xx.33.
12 Inst., III.xx.16.
13 John Calvin, "Commentary on the Book of Psalms," *Calvin's Commentaries*, vol. 4, trans. James Anderson (Grand Rapids: Baker, 2005), 1:122.

(ascend)이었다.¹⁴

칼빈은 성례를 "인"(seal)으로 비유한다. 즉 하나님의 약속은 성례에 의해 보증된다는 것이다.¹⁵ 비록 그 약속은 그 자체로 확실한 것이지만, 성례는 인간의 연약함 때문에 필요한 것이다.¹⁶ 칼빈은 하나님께서는 사람들이 육적인 것을 통해 영적인 것을 보도록 도우신다고 생각했다.¹⁷ 즉 칼빈은 예전적 행위와 성례가 인간의 신앙을 돕기 위한 수단으로서 필요한 것으로 보았음을 알 수 있다. 그러나 그는 믿음이 없이 이런 것들 자체는 아무런 유익을 주지 못한다고 주장했다. 그러므로 칼빈은 바른 믿음의 고백을 위한 신앙 교육을 강조했다.

게다가, 칼빈은 신앙 형성의 과정 속에서 반복의 효과를 인지한 것처럼 보인다. 예를 들면, 칼빈의 매주 성찬에 대한 주장은 단지 성찬이 예배에서 중요한 요소이기 때문만이 아니라, 그는 매주 반복되는 예배 속에서 말씀과 성찬을 중심으로 성도의 믿음과 성숙한 태도의 형성을 기대했기 때문이다. 리 웬델(Lee P. Wandel)은 칼빈의 의도를 이렇게 설명한다.

---

14 줄리 캔리스(Julie Canlis)는 "인간의 올라감(ascent)은 칼빈의 사상에서 그리스도에 참여함의 문제이다"라고 말한다. 그녀의 설명에 따르면, 칼빈에게 있어서 사다리는 그리스도이며, "그의 올라가심에 우리가 참여함에 의해서, 우리의 올라감은 그리스도의 올라가심에 심오하게 묶이는 것이다." Julie Canlis, *Calvin's Ladder: A Spiritual Theology of Ascent and Ascension* (Grand Rapids: Eerdmans, 2010), 50.

15 Inst., IV.xiv.5.

16 John Calvin, *Joannis Calvini Opera Selecta*, vol. 5, ed. Petrus Barth and Guilelmus Niesel (Munchen: Kaiser, 1926), 261.

17 Ibid., 118.

> 사람은 단 한번의 성만찬으로 그리스도와 완전히 하나가 되지 못한다. 성령님에 의해 말씀과 성찬이 상호 의존함을 통해 그것이 반복됨으로 온전해 지는 것이다. 그러므로 성찬을 자주 가지는 것이 칼빈에게는 개인의 존재와 지식이 변모하는 그리스도인으로서의 성장에 필수적인 것이었다.[18]

이 분석은 말씀과 성례가 매주 반복됨으로 이런 요소들이 사람의 존재와 이해를 고양시키고 변화시키며 시너지 효과를 낸다는 점에서 설득력이 있다. 칼빈에게 있어 성례들은 세레모니(ceremonies)인데, 그것에 의해 "하나님은 그의 백성들을 훈련시키셔서 첫째로 내적인 믿음을 장려하시고 일깨우시며 확증하시며, 둘째로 그들의 신앙을 사람들 앞에서 증거하게 하시는 의식들이다"라고 말했다.[19] 즉 칼빈은 세레모니로서의 성례들을 통해서 믿음이 성장되고 훈련됨을 주장했다. 즉 그에 따르면, 공예배와 성례의 경험과 참여는 신자의 이해를 고양하는 것이다.

칼빈은 예전이 하나님의 말씀에 근거해야 한다고 믿었다. 인간의 신실한 마음에서 나온 내적인 예배가 외적인 예전보다 훨씬 중요한데, 때때로 예전이 하나님께 초점을 맞추기보다는 외부적인 형태에 고정되어 미신적인 마음에 의해 시행될 때도 있기 때문이다.

칼빈은 단순한 형태를 가지고 있었던 초대 교회의 예배를 이상적인 것으로 여겼고, 예전 자체를 버리려는 것보다 그것들을 새롭게 하고

---

[18] Lee P. Wandel, *The Eucharist in the Reformation: Incarnation and Liturgy* (Cambridge: Cambridge University Press, 2006), 171-172.

[19] Inst., IV.xiv.19.

자 노력하였다.[20]

칼빈의 예배신학의 핵심을 이해하기 위해선 3가지를 고려해야 하는데 그것은 그가 처했던 16세기의 상황, 그의 주석적 원칙들, 그리고 예배신학을 행함에 있어서의 "이해"에 대한 강조다.

첫째, 16세기의 종교개혁을 둘러싸고 있었던 상황(context)이 고려되어야 한다.

로마 가톨릭 그리고 재세례파들과의 논쟁에서 볼 수 있듯이, 종교개혁가들 사이에도 예배 가운데 인간적인 요소들을 어떻게 다루어야 하는지에 대한 의견차가 있었다. 저명한 칼빈 연구가인 헤르만 셀더하위스(Herman Selderhuis)는 다음과 같이 지적한다.

"예전적인 문제에 관해서… [칼빈은] 외부적인 요소들을 과소평가하지도, 과대평가 하지도 않는 중도(via media)를 추구하였다."[21]

실제로 칼빈은 상징(symbol)의 역할이나 도움으로서의 외부적 표지를 문제시하지 않았다.

> 성례라는 용어는 일반적으로 하나님께서 그의 약속의 진실성을 더욱 확신하게 하고 신뢰하게 하기 위하여 사람들에게 베풀어주신 모든 표징들을 다 포괄한다. … 만일 하나님께서 태양이나 별이나 땅이나 돌에 그런 의미 있는 말씀을 새겨 놓으셨다면, 그 모든 것들이 우리에게 성례가 되는 것이다. 똑같은 은이라도 천연 그대로의 은과 동전으로 만들어진 은은 서로 전연 다른 것

---

20 Hughes Oliphant Old, *The Patristic Roots of Reformed Worship* (Zurich: Theologischer Verlag, 1975), 24.

21 Herman J. Selderhuis, *Calvin's Theology of the Psalms* (Grand Rapids: Baker, 2007), 205.

이 아닌가?

천연의 은은 자연 상태 그대로 있지만, 동전으로 만들어 놓은 은은 거기에 공식 표지가 새겨져 있어서 전연 새로운 가치가 부여되어 있는 것이다. 그러니 하나님께서 자신이 친히 창조하신 것들에 그의 말씀을 새겨 넣으셔서, 그전에는 그저 물질에 불과하던 것들을 성례로 만드실 수 없겠는가?[22]

칼빈은 성례의 개념에 관해 열린 마음을 가졌다. 그에게는 어떤 것이든 만약 하나님이 그것을 사용하시기 원하면 성례전적(sacramental)인 것이 될 수 있다. 비록 물질(object) 자체는 힘을 가지고 있지 않지만 그것의 사용은 공적인 수용(acceptance)을 통해서 가치를 가질 수 있다. 이 부분에 대해 도널드 베일리(D. Baillie)는 다음과 같이 평가한다.

> 칼빈의 언급이 "엄밀하고 적합한 의미에서의 성례를 말하는 것은 아니지만, 하나님이 그가 창조하신 요소들 중 하나를 취하여 성례전적으로 사용하실 수 있다는 차원에서 무척 흥미롭다."[23]

츠빙글리 사상과 '로만 가톨리시즘'(Roman Catholicism) 성례신학의 한계를 극복하면서 칼빈은 제3의 길을 선택하였다. 그는 말씀과 성례 사이에, 그리고 "객관적 선물"(objective gift)과 "주관적 반응"(subjective

---

[22] Inst., IV.xiv.18.
[23] Donald M. Baillie, *Theology of the Sacraments* (New York: Charles Scribner's Sons, 1957), 45.

response)의 관계에 대한 균형 잡힌 견해를 가진다.[24]

둘째, 칼빈의 주해의 원칙인, "간결성과 용이성"(brevitas et facilitas)이 어떻게 칼빈의 해석학적인 특징이 되었고, 그의 예배신학에 영향을 미쳤는가 하는 것이다.[25]

칼빈의 주석들과 파커(Parker), 배틀즈(Battles)와 같은 신학자들의 견해를 논하면서 리처드 갬블(Richard Gamble)은 "칼빈은 그의 가르침의 스타일을 단순하게 유지했고," "둔한 학생이라도 이해할 만하게 그의 주석을 만들었다"고 주장한다.[26] 이런 칼빈의 신학적, 해석학적 원리는 그의 예배신학에도 영향을 주었다. 존 리스(John Leith)는 "단순성은 칼빈 저작 전체를 통해 반복되는 주제이며, 그것은 그의 실천의 특징이었다…그는 그것을 예전, 행정조직, 그리고 생활양식에 적용하였다"고 주장한다.[27] 정리하자면 칼빈에게 있어서 단순성이란 복음의 충실성과 힘과도 밀접한 관계가 있다.[28]

셋째, 예배개혁에 있어서 칼빈의 노력을 가장 잘 묘사하는 표현은

---

24   Martha L. Moore-Keish, *Do This in Remembrance of Me: A Ritual Approach to Reformed Eucharistic Theology* (Grand Rapids: Eerdmans, 2008), 35.
25   "간결성"(Brevity)과 "용이성"(facility)은 존 칼빈의 성경 해석학의 특징이다. 이 주제에 관해서는, Richard C. Gamble, "Brevitas et facilitas: Toward an Understanding of Calvin's Hermeneutic," *Westminster Theological Journal* 47 (1985), 3.
26   Gamble, "Brevitas et facilitas," 3.
27   John H. Leith, *Introduction to the Reformed Tradition: A Way of Being the Christian Community* (Atlanta: John Knox, 1977), 83, 84. 칼빈의 사상에 있어서 예전의 단순성에 대해서, T. Brienen, *De liturgie bij Johannes Calvijn* (Kampen: Uitgeverij de Groot Goudriaan), 163-165를 참고하라.
28   John Calvin, "First Epistle to the Corinthians," 76-78.

바로 "이해를 추구하는 예배"라는 것이다.[29]

칼빈은 다음과 같이 주장했다.

"우리는 공적인 기도나 사적인 기도나 간에, 마음이 없이 방언을 사용하는 것은 하나님을 심히 불쾌하게 만드는 것임을 명심해야 한다."[30]

마음이 제스처(Gesture)보다 훨씬 중요하다는 것이다. 그러나 칼빈은 또한 "기도를 할 때 무릎을 꿇는다든지, 머리에 쓴 것을 벗는다든지 하는 몸의 자세들은 하나님을 더 높이 받들고자 하여 행하는 것이다"라고 말하며 외적 표현 자체를 무시하지 않았다.

결론적으로 칼빈은 예배의 행동과 상징은 분명히 이해되어야 한다고 주장했다.[31] 그는 또한 우상 숭배와 "하나님을 바르게 예배하는 것을 오염시키는 것"을 피하기 위해서 하나님을 아는 지식의 필요성에 대해 주장했다.[32]

칼빈에 따르면 지식이 없이 사람은 하나님을 바르게 예배할 수 없다. 그리고 사람의 본성은 하나님께 집중하기보다는 외부적인 요소들을 우상화시키는 데 취약한 경향이 있다.[33] 바른 지식을 통해서 사람은 "하나님을 신뢰"하고 "그를 경외하는 마음"을 가지게 된다.[34]

---

29 LindaJo H. McKim, "Reflections on Liturgy and Worship in the Reformed Tradition," 308.
30 Inst., III.xx.33.
31 Inst., III.xx.33.
32 Edward A. Dowey, *The Knowledge of God in Calvin's Theology* (Grand Rapids: Eerdmans, 1992), 3.
33 Inst., II.vii.1.
34 John Calvin, "First Epistle to the Corinthians," *Calvin's Commentaries*, vol. 15, trans.

이것은 단지 하나님에 대한 지식을 쌓아올리는 것 이상의 것이다. 그것은 경건(piety)과 결합된다.[35] 칼빈은 지식의 중요성에 대해 다음과 같이 말한다.

> 우리가 가져야 할 하나님을 아는 지식은 그저 헛된 사색을 만족시켜주며 머리에만 합당한 그런 지식이 아니라, 정당하게 받아 마음에 뿌리를 내려서 열매를 맺게 되는 그런 지식이라는 점이다. 주께서는 그의 권능으로 자신을 드러내시며, 우리는 우리들 속에서 그 힘을 느끼며 그 은혜를 누리고 있다. 그러므로 하나님을 아는 참된 지식이 있는 경우에는, 혹시 아무런 지각도 오지 않는 그런 하나님을 상상하는 경우보다도 그 지식에 의해서 훨씬 더 깊은 영향을 받기 마련인 것이다....하나님의 본질은 세심하게 탐구할 대상이 아니라 찬송하여야 할 대상이다.[36]

이것은 단지 인지적인 것만(cognitive) 언급하는 것이 아니라, 인간의 경건과 마음으로부터의 응답을 포함하는 것이다. 칼빈에게 있어서 지식이란 사변(speculation)의 결과가 아니라 경험적인(experiential) 것이다. 핵심은 하나님에 대한 바른 이해이며, 이것은 하나님과의 인격적인 만남(personal encounters)에 뿌리를 두고 있다. 칼빈에게 있어서 하나님을 아는 지식은 믿음의 내용과 마음의 확신을 포괄하는 것이다.

John Pringle (Grand Rapids: Baker, 2005), 95.
35 Joel R. Beeke, *Puritan Reformed Spirituality* (Webster, NY: Evangelical, 2006), 1.
36 Inst., I,v,9.

이러한 칼빈의 예배신학에 있어서의 세 가지 고려사항들을 생각하면서 우리는 칼빈의 저술들을 분석할 필요가 있다. 예전(liturgy)의 사용에 대한 그의 태도와, 신앙 형성에 대한 사상을 알기 위해서 예배의 정의를 살펴보아야 한다.

칼빈의 저술 속에, "예전"이라는 단어는 프랑스어든 라틴어로든 나타나지 않는다. 그러나 그는 빈번하게 "공적 예배(laos+ergon)를 의미하는 어원학상의 단어의 의미"를 사용하였다.[37] 칼빈에게 있어서 예전은 공적 예배를 의미한다. 비록 칼빈이 그의 『기독교 강요』 안에 예전에 대해 언급하는 챕터를 포함시키지 않았지만, 그의 『기독교 강요』 초판(1536)에는 공적 예배의 순서를 포함하고 있다.

> 첫째, 그것은 공중 기도로 시작해야 한다. 그 후에는 설교가 있어야 한다.
>
> 둘째, 떡과 포도주가 식탁 위에 놓였을 때에 목사는 성찬의 제정에 관한 말씀들을 반복해야 한다.
>
> 셋째, 그는 성찬을 통해 우리에게 주어진 약속들을 암송해야 한다.
>
> 동시에 그는 주님의 금지에 의해 그것으로부터 제외된 모든 자들을 제외시켜야 한다. 후에 그는, 주께서 이 거룩한 음식을 우리에게 부여해 주신 그 친절함으로 우리를 가르치셔서 우리가 믿음과 마음의 감사로 그것을 받도록 기도해야 하며, 또한 우리는 우리 스스로 합당한 자가 될 수 없으므로 그분

---

[37] Rodolphe Peter, "Calvin and Liturgy, According to the Institutes" in *John Calvin's Institutes, His Opus Magnum*, ed. by B. van der Walt (Potchefstroom: Institute for Reformational Studies, 1986), 240. 또한 Calvin, "Commentary upon the Acts of the Apostles," 1:499.

의 자비로 우리를 그 향연에 합당하게 해 주실 것을 기도해야 한다. 그러나 여기서 시편을 노래하든지 혹은 어떤 것을 읽어야 하며, 적절한 질서 속에서 신자들은 지극히 거룩한 잔치에 참여해야 하고, 목사들은 떡을 떼고 잔을 주어야 한다.[38]

칼빈의 저술 속에서 우리가 지금 예전(liturgy)이라고 부르는 것보다 빈번히 사용된 단어는 "세레모니"(caerimonia)이다.[39] "사돌레토에 대한 답변"(1539)에서, 그는 세레모니를 "경건의 직무 속에서 사람들을 위한 훈련"(exercise for the people in offices of piety)으로 묘사한다.[40] 즉 믿음을 훈련시키는 것을 돕는 공적인 도구로서 이해한 것이다.

칼빈은 이것이 "교리, 규율, 그리고 성례"와 함께 "교회의 안전"을 확실케 하는 것을 도울 수 있다고 말한다. 그러나 칼빈은 로마 가톨릭교회는 "과도한 세레머니"를 가지고 있으며, 또한 "수많은 형태의

---

[38] John Calvin, *Institutes of the Christian Religion*, 122-123.
[39] 그러나 올드(Old)에 따르면, "칼빈이 예배에 대해 말할 때 다른 단어보다 더 많이 사용했던 것은 cultus라는 단어였다." 그는 이것이 우리가 현재 쓰는 "liturgy"라는 단어와 가장 가까운 의미였던 것으로 보인다고 주장한다. 왜냐하면 라틴어 cultus는 "내적인 종교적 감정과 외적 종교적 준수" 모두를 포함하는 단어이기 때문이다. Huges Oliphant Old, "Calvin's Theology of Worship," in *Give Praise to God: A Vision for Reforming Worship*, ed. by Phillip Graham Ryken, Derek W. H. Thomas and J. Ligon Duncan (Phillipsburg, NJ: P&R, 2003), 414. 필자는 cultus가 liturgy라는 단어보다 훨씬 넓은 의미를 지닌다고 생각한다. 왜냐하면 cultus는 "예배의 주관적 측면"과 "개인적 경배"를 포함하기 때문이다. 그러므로 공적 행동의 측면에 관해서 필자는 liturgy는 "ceremony"와 더 밀접한 관계를 지닌다고 생각한다. 공적인 예배와 연관해서 칼빈은 빈번히 ceremony라는 단어를 쓰는 것을 주목하라. Cf. John Calvin, *Institutes*, II.vii.1; IV.x.29; IV.xix.3.
[40] John Calvin, "Reply to Sadolet," 232. 또한 그는 세레모니를 통해서, 사람들은 "신앙심이 깊어지고, 믿음과 하나님을 순수하게 예배하는 데 큰 진보가 있게 된다"라고 말한다. John Calvin, "Commentary on the Prophet Isaiah," *Calvin's Commentaries*, vol. 7, trans. William Pringle (Grand Rapids: Baker, 2005), 56.

미신에 의해 왜곡되었음"을 지적한다.⁴¹ 그러므로 그는 예배 중 마리아를 경배하는 것과 같은 세레모니를 폐지해야 함의 타당성을 주장한다. 그가 믿기에 이러한 것들은 "일종의 유대주의로 퇴보하게 되는" 것이며 "사람들의 마음에 미신들을 가득 차게" 하는 것이었다.⁴²

칼빈은 세레모니를 믿음을 훈련시키는 도구로 간주하였다. 그러나 그는 "그러한 세레모니들이 시대의 상황에 적합한 것으로 보일 때" 그것을 유지하기를 원했다.⁴³ 교회의 규율과 세레모니에 대해 칼빈은 말한다.

> 마지막으로, 주께서는 아무것도 구체적으로 가르치지 않으셨으므로, 또한 이런 일들은 구원에 필수적인 것들이 아니므로, 또한 교회를 세우는 일이 각 나라와 시대의 관습들에 다양하게 맞추어서 이루어져야 하므로, 교회의 유익을 위하여 필요에 따라서 전통적인 행위들을 바꾸고 폐기하며 새로운 것들을 세우는 일이 합당할 것이다. 고백하거니와, 우리는 이유가 불충분한 상태에서 경솔하게 무작정 새로운 전통들을 마구 만들어 내서는 안 된다.⁴⁴

칼빈은 교회의 믿음을 돕기 위한 세레모니의 필요성을 인지하였다. 그러나 그는 그것이 구원 자체를 얻기 위해 필수적인 것이라고

---

41 John Calvin, "Reply to Sadolet," in *Calvin: Theological Treatises*, ed. J.K.S. Reid (Philadelphia: Westminster Press, 1954), 232.
42 Ibid., 232.
43 Ibid., 232.
44 Inst., IV.x.30.

간주하지는 않았다. 그의 관점은 세레모니는 교회의 의식 고양을 위해 적합해야 하며, 문화적 배경과 회중의 특징에 적합해야 한다는 것이었다. 급격한 변화 대신에 칼빈은 성경과 상황에 근거하여 세레모니를 조심스럽게 정화시키고자 하였다.

칼빈은 세레모니 자체가 믿음을 창조하는 것이 아니라, 신자의 마음을 훈련시킴에 의해서 신앙 형성의 과정을 성숙시키는 것을 돕는 외부적인 도구라고 설명한다.[45] 세레모니는 기도와, 찬양, 그리고 설교를 통해 신자들의 신앙심을 고양시키며 훈련시키기 위해 사람들에게 주어진 도구이며, 그것은 오직 하나님의 말씀에 연결될 때에만 가치를 가지는 것이다.[46]

예전의 사용과 역할에 관해, 칼빈은 신약 시대와 구약 시대 사이의 중요한 차이가 있다고 주장한다. 그래서 율법 아래에서 도움을 주었던 특정 예전적인 자료들은 이제 더 이상 필요하지 않다고 설명한다. 예배의 본질이 변하지는 않는다. 그러나 그리스도 이후에 사는 사람들은 구식의 "의식적인 멍에"에 종속될 필요가 없다.[47] 왜냐하면, "이러한 외부적 의례(rite)들은 그것 자체가 중요성을 가지고 있는 것이 아니라, 그것들이 우리의 신앙에 부합할 때에만 유용한 것이기 때문이다."[48]

---

[45] John Calvin, "The Necessity of Reforming the Church," in *Calvin: Theological Treatise*, 191.

[46] John Calvin, "Commentary on the Book of Psalms," *Calvin's Commentaries*, vol. 4, 1:410.

[47] John Calvin, "Commentary on the Book of Psalms," *Calvin's Commentaries*, vol. 5, trans. James Anderson (Grand Rapids: Baker, 2005), 2:271.

[48] Ibid.

그러므로 칼빈은 "교회가 외적인 규율의 차이로 다른 교회를 경멸해서는 안 된다"고 말한다.[49] 이 언급은 로마 가톨릭교회를 향한 그의 도전을 약화시키는 것처럼 보인다. 그러나 그에게 있어서 로마 가톨릭 예배의 문제는 단지 자신들과 현격히 다른 의례(ritual)와 세레모니에 있지 않았다. 그는 하나님의 말씀에 초점을 맞추기보다 세레모니 자체에 과도하게 의존하는 것을 문제점으로 본 것이다.[50] 칼빈은 권징(discipline)에 있어서 외부적 차이가 교회의 분열을 정당화시키지 못한다고 보았다. 그러나 모든 교회의 세레모니는 성경의 가르침을 따라야만 한다고 주장했다.

칼빈 자신은 예배의 형태에 대한 많은 관심을 가졌다. 왜냐하면 외적 의식(outward rites)과 도움은 이 세상을 살아가는 성도들에게 필요하기 때문이다.[51] 로버트 킹돈(Robert M. Kingdon)은 제네바교회에도 수많은 의식(rituals)들이 존재했음을 언급한다. 제네바교회의 예배 안에서도 세례식이 회중 앞에서 거행되었으며, 결혼식 또한 예배 전에 거행되는 경우도 있었다. 공회 앞에서 잘못을 말하는 "속죄 의식"(ceremony of reparation)과 "화해의 예식"(ceremony of reconciliation)도 존재하였다.[52]

---

49 Inst., IV.x.32.
50 브리넌은 칼빈의 예전이 로마 미사와 공통점을 가지고 있다고 본다. 말하자면 칼빈은 새로운 예전을 개발한 것이 아니라 그것을 정화시키고자 한 것이다. T. Brienen, *De Liturgie bij Johannes Calvijn*, 171-172.
51 John Calvin, "Commentary on the Book of Psalms," *Calvin's Commentaries*, vol. 6, trans. James Anderson (Grand Rapids: Baker, 2005), 4:52-53.
52 Robert M. Kingdon, "Worship in Geneva before and after the Reformation," in *Worship in Medieval and Early Modern Europe: Change and Continuity in Religious Practice*, ed.

그러므로 우리는 제네바교회의 예배를 "비예전적"(non-liturgical)이라고 말할 수 없다. 오히려 그것은 개혁교회의 성경 해석과 신학적 견해에 따른 예전과 의례의 정화와 교정을 위한 시도라고 보아야 할 것이다. 칼빈은 성경 말씀에 근거해서 하나님을 "순수하고 적합한 형태"(pure and due form)로 예배하기를 원하였다.[53]

그렇다면 칼빈에게 있어서 "순수하고 적합한 형태"란 무엇인가?

그것은 우리로 하여금 하나님께 집중하도록 돕는 성경적 토대를 가지는 것을 의미한다.[54] 동시에, 그는 "모든 허구적인 예배는 교회 안에서 정죄를 받으며, 그것이 인간의 본성을 즐겁게 할수록 신자들에게 더욱더 의심 받는다"라고 경고한다.[55]

칼빈은 예배 형태와 내용의 성경적 근거를 중요시했다. 그러나 그가 성경에 지정된(designated) 예배의 외부적 형태만을 사용하기를 원했는지, 아니면 예배의 성경적 패턴에 충실하고자 했던 것인지는 명확하지 않다. 칼빈주의(Calvinism)의 후예들, 특별히 청교도들은, "예배의 규정 원리"(regulative principle of worship)의 중요성을 주장하였다.[56] 이것은 "하나님께서 제정하셨거나 명령하신 것만이 예배의 요소로서 받아들여질 수 있음"을 의미하는 것이다.[57] 그러나 청교도들

---

    by Karin Maag and John D. Witvliet (Notre Dame: University of Notre Dame Press, 2004), 55.

53 John Calvin, "Commentary on the Book of Psalms," 1:122.
54 John Calvin, "Necessity of Reforming the Church," 191-193.
55 Inst., IV.x.11.
56 Robert L. Reymond, *A New Systematic Theology of the Christian Faith* (Nashville: Thomas Nelson, 1998/ CLC刊), 869.
57 R. J. Gore, *Covenantal Worship: Reconsidering the Puritan Regulative Principle* (Phillips-

은 칼빈으로부터 벗어났다. 고어(Gore)는 칼빈이 "성경에 부합하는 것"(whatever is consistent with the Scripture)을 강조했고, 청교도는 "성경에서 명령된 것"(whatever is commanded by Scripture)을 강조하는 차이를 보인다고 설명한다.[58]

그렇다면 과연 칼빈은 무엇을 주장하고 있는가?

"교회 개혁의 필요성"이라는 소논문에서 칼빈은 당대의 예배개혁의 필요성에 대해 언급하고 있는데, "인간 이성에 의해 고안되고," "말씀에 의해 허용된 것"이 아닌 당대의 예배 현실을 비판하며 한탄한다.

"아무리 우리가 열정을 가지고 그를 예배한다 해도, 만약 그의 명령에 반한다면, 과연 우리는 무엇을 얻겠는가?"[59]

이 소논문은 교회와 예배의 개혁의 필요성에 대해 카를 황제(Karl V)에게 호소한 것이다. 여기에서 칼빈은 엄격한 성경주의(biblicism)를 주장하지 않았다. 오히려 예배는 성경의 정신과 원칙에 합한 것이 되어야 함을 강조하였다. 그리고 "세레모니는 경건의 연습이 되기 위해서 반드시 우리를 그리스도께로 인도하여야 한다"고 주장한다.[60] 칼빈이 이렇게 말한 이유는 그의 인간 본성에 대한 인식과도 관계

---

burg: Presbyterian and Reformed, 2002), 38.

58 R. J. Gore, *Covenantal Worship*, 89.

59 John Calvin, "Necessity of Reforming the Church," 128-129. 제임스 조던은 말한다. "개혁가들은 하나님의 명령들이 성경 속에 교훈과, 원칙, 그리고 예시로 발견된다는 것을 깨달았다. 그들의 후손들은 이런 하나님의 말씀에 대한 통전적 개방성을 명확한 명령을 추구하는 것으로 바꾸어버렸다." James B. Jordan, *Sociology of the Church* (Eugene, OR: Wipf & Stock, 1999), 28.

60 Inst., IV.x.29;

가 있다. 그에 따르면 사람은 하나님의 말씀에 순종하기보다 자신이 옳다고 여기는 것을 행하는 경향이 있다.[61] 무엇보다 사람은 하나님의 호의를 얻기 위해 하나님이 명하시지 않고 말씀으로부터 허락되지 않은 "특정한 방법"들을 발명하려고 한다.[62]

칼빈에 따르면 인간의 마음은 "미신의 자취"를 품는 경향이 있다. 칼빈은 말한다.

"우리는 인간의 마음속에서 왜곡된 예배를 향한 무절제한 갈망이 있는 것을 인지하고 있다."[63]

이러한 인간 본성에 대한 고려들은 예배에서 인간에 의해 만들어진 어떠한 첨가물들에 대한 부정적인 견해를 생산하게 되었다. 실제, 그의 견해는 인간의 종교적인 마음들이 항상 하나님을 예배하는 것으로 연결되지 않는다는 점에서 옳다. 사람은 그들 자신의 종교심을 만족시키기 위해 예배나 의식들의 형태를 발명하기도 한다. 칼빈의 인간 본성에 대한 불신은 인간의 죄가 예배를 망칠 수 있다는 견해를 가지게 했다. 그래서 칼빈은 하나님의 말씀의 순수성을 보존하기 위해 예배 의식에 있어서 인간의 첨가물들을 최소화하려는 경향을 보였다.

그러나 칼빈은 개혁주의 교회들에 있어서의 그의 후계자들, 특히 영국의 청교도들보다 예전에 있어서 보다 포괄적인(inclusive) 입장을 취했다. "Brethren of Wezel"에 쓴 편지에 예전에 대한 포괄적인 입장

---

[61] John Calvin, "Necessity of Reforming the Church," 192.
[62] Inst., II.viii.5.
[63] John Calvin, "Commentaries on the Book of Joshua," *Calvin's Commentaries*, vol. 4, trans. Henry Beveridge (Grand Rapids: Baker, 2005), 268.

이 나와 있다. 예를 들면, 칼빈은 제네바의 교회들이 다른 지역의 교회들처럼, 성만찬을 시행할 때 촛불을 켜지 않지만, 그것을 이미 사용하고 있는 교회들이 있다면 비록 자신들은 그것들을 도입하지 않겠지만, 자신들은 그들의 실천(practice)을 반대할 권한이 없다고 말한다. 칼빈에게 중요한 것은 "그러한 자유가 어디까지 확장될 수 있는가"에 대한 고려였다. 칼빈은 우리의 신앙의 고백에 해가 되지 않는 세레모니들은 상호 용인될 필요가 있으며, 우리의 "과도한 완고함"에 의해 "교회 연합"이 파괴되어서는 안 된다고 말한다.[64]

우리가 보듯이, 칼빈은 예전을 인간의 연약함을 돕는 도구로 이해하였다. 그의 우선순위는 교회 연합을 보존하는 데 있었다. 이러한 관점에서 그는 이미 다른 교회에서 사용되고 있었던 의례의 사용(ritual practice)을 인정하려고 했다. 그러나 그러한 자유는 신앙고백과 양심의 경계 내에서만 가능하였다. 칼빈에게 있어서 예전을 선택하는 문제는 신자와 교회 공동체의 의식 고양과 연관되었다.[65] 브리넌에 따르면 칼빈의 예전에 대한 비전은 비록 그것이 하나님의 말씀에 근거해야 하지만, 그것 안에서 자유를 가지는 것이었다고 평가한다.[66]

칼빈은 특정한 의례에 대해 용인했을 뿐 아니라 의례의 시행을 개정하는 데 열려 있었다. 1561년, 그는 제네바교회 안에서 예배 관례

---

64 "Letters of John Calvin, 3:30–31(Letter to the Brethren of Wezel, March 13, 1554)," in *Leith Introduction to the Reformed Tradition*, 174.

65 John Calvin, "Form of Administering Sacraments, Composed for the Use of the Church at Geneva," in *Tracts and Treatises of the Doctrine and Worship of the Church* vol. 2 (Edinburgh: Calvin Tract Society, 1849; repr. Grand Rapids: Eerdmans, 1958), 118.

66 T. Brienen, *De Liturgie bij Johannes Calvijn*, 154.

에 대해 불만의 목소리를 냈다.

"우리의 관습은 결함이 있다. 그러므로 내[칼빈] 이후의 사람들은 그것을 보다 자유롭고 쉽게 고칠 수 있을 것이다."[67]

그는 예전의 사용을 거부하지 않았다. 그는 그것이 사람들로 하여금 "하나님의 현존하는 선하심"(God's present goodness)을 상기시키는 데 필요하다고 간주했다.[68] 그는 만약 사람이 "영적 방법 속에서 하나님을 찾고자 하는 순수한 마음으로 온다면" 외적 상징이 필요함을 지적한다.[69] 그에게 있어서 예전은 예배를 통해 하늘로 나아가는 데 "도움을 주는 사다리"(supportive ladder)였다.

그러나 그는 인간의 자만심을 걱정하였다. 그리고 하나님은 만약 사람이 마음의 거룩함 없이 의례들과 세레모니들을 시행한다면 만족하지 않으실 것이라고 믿었다.[70] 만약 사람이 하나님을 영적으로 예배하지 않고 마음의 사랑이 없이 외적 세레모니에 초점을 맞춘다면 그것은 단지 의미 없는 행동이 되고 만다는 것이다.[71]

---

67 Text 24, vol. xxxviii, I.p 213 in William D. Maxwell, *A History of Christian Worship: An Outline of Its Development and Forms* (Grand Rapids: Baker, 1936), 118.
68 John Calvin, "Commentary on the Book of Psalms," 1:446.
69 Ibid., 2:130.
70 Ibid., 2:260.
71 Ibid., vol. 6, 5:168.

2. 신앙 형성에 대한 칼빈의 견해

칼빈은 "신앙 형성"(faith formation)에 대한 계획을 가지고 있었을까? 물론 현대적 용어인 "신앙 형성"이라는 말은 그의 작품 속에서 언급되지 않는다. 그러나 칼빈이 신앙 형성에 대한 개념을 가지고 있었다는 것은 명백하다.[72] 조엘 비키는 "칼빈은 신앙의 다양한 정도에 대해 용인하였다. 비록 이차 문헌들은 그것들을 평가 절하하지만, 칼빈은 '신앙의 유아기,' '신앙의 시작,' 그리고 '약한 믿음'과 같은 개념들을 루터보다 훨씬 빈번하게 사용 한다"라고 말했다.[73]

칼빈은 "믿음"과 "예전을 행함"에 대해 무엇을 말했는가?

이것을 이해하기 위해서, 우리는 칼빈에게 있어서 "믿음"이 무엇을 의미했는지를 먼저 이해해야만 한다. 그의 주석과, 소논문들, 책들을 통해서 믿음에 대한 생각들이 발견되지만, 소논문인 "기독교 세계와 교회개혁에 평화를 주기 위한 참된 방법"(The True Method of Giving Peace to Christendom and Reforming the Church)에서는 종합적이고 핵심적인 믿음의 정의를 제공한다. 여기에서의 언급은 믿음에 대한 칼빈 사상의 핵심을 포함한다고 말해도 과언이 아니다.

---

[72] Matthew Myer Boulton, *Life in God: John Calvin, Practical Formation, and the Future of Protestant Theology* (Grand Rapids: Eerdmans, 2011), 24. 조엘 비키는 "신앙의 성숙 과정에 대한 강설에서, 칼빈이 확신(assurance)은 신앙의 발달에 비례하는 것으로 보았다"라고 주장한다. 칼빈의 『기독교 강요』를 보면 "성령님은 신앙의 시작자로서 뿐만 아니라 성장의 원인과 중요 요인으로서 일하신다는 것이다"(3.2.33-36). 비키는 칼빈이 "믿음, 회개, 성화, 확신 모두가 점진적인 것"이라 보았다고 주장한다. Joel R. Beeke, "Appropriating Salvation," 282.

[73] Joel R. Beeke, "Appropriating Salvation," 282.

칼빈은 믿음이란 성령님께서 인간의 지성과 감정을 자극시키시는 것에 의해 주어진다고 생각한다. 이것은 하나님의 작정과 섭리와 긴밀한 관계가 있다. 이런 종류의 믿음은 단지 지식의 축적이나 마음속에서 흔들리는 "공허한 지식"이 아니라, 마음에 자리를 잡은 "감정"(affection)의 성격과도 아주 밀접한 관계를 가진다.[74] 믿음은 하나님의 약속이신 그리스도에 초점을 맞추는 확실성이다.

믿음에 대한 칼빈의 모든 정의 중에, 가장 흥미로운 것은 믿음을 "지식"으로 보는 것이다. 그는 믿음을 다음과 같이 정의한다.

> 믿음이란 우리를 향한 하나님의 선하심을 아는 확고하고도 분명한 지식으로서 그리스도 안에서 값없이 주신 약속의 진리에 근거하는 것이며, 성령으로 말미암아 우리의 지성에 계시되고 우리의 마음에 인쳐진 것이다.[75]

도위(Edward A. Dowey)는 지식을 칼빈의 신학적 구조의 핵심적인 범주로 간주한다.[76] 그러나 칼빈에게 있어서 지식이란 단순히 인식(cognition)을 의미하지 않고 경건을 포함하는 것이다. 칼빈은 다음과 같이 말한다.

---

74 John Calvin, "The True Method of Giving Peace to Christendom and Reforming the Church," in *Tracts Relating to the Reformation*, vol. 3 (Edinburgh: The Calvin Translation Society, 1851), 250. 또는 Emile Doumergue, *Le Caractere de Calvin* (Paris: Ed.de Foi et vie, 1921), 74를 참고하라.

75 Inst., III.ii.7.

76 Edward A. Dowey, *Knowledge of God*, 247.

> 하나님에 관한 공허하고 혼란된 지식은 믿음으로 착각되어서는 안 되며, 그리스도 안에서 하나님을 찾기 위해 그리스도를 향한 지식이어야 한다. 이것은 그리스도의 능력과 직분이 이해될 때만 가능하다.[77]

즉 칼빈에게 있어서 믿음이란 지성보다는 마음에 가까운 것이다.[78] 물론 우리가 잘 알고 있듯이 그는 신앙고백과 교리 교육을 강조한다. 그러나 주지주의에 함몰되지 않고 하나님을 아는 지식과 경건이 결합된 감정(affection)을 추구하였다. 그러므로 "신앙이나 경건이 없다면 거기에 하나님을 아는 지식이 있다고 말할 수 없는 것이다."[79]

칼빈에게 있어서 믿음이란 "인지"(cognito)와 "신뢰"(fiducia)를 포함하는 것이다. 그의 견해에 따르면, 두 종류의 지식이 사람에게 주어진다. 하나는 "믿음에 의한 지식"(scientia fidei)이고 또 다른 하나는 "경험에 의한 지식"(scientia experentiae)이다.[80] 즉 하나님을 아는 지식은 믿음과 경험에 의해 획득된다.

그러나 비키에 따르면, "칼빈의 목적은 '헐벗은 체험'(nuda experiential)이 아니라, 말씀의 성취로부터 흘러나오는 말씀에 근거한 경험이다. 말씀에 대한 경험적 지식이 필수적이다."[81]

이 점에 있어서 칼빈은 다음과 같이 말한다.

---

77 John Calvin, "Commentaries on the Epistles of Paul to the Galatians," *Calvin's Commentaries*, vol. 21, trans. William Pringle (Grand Rapids: Baker, 2005), 257.
78 Joel R. Beeke, *Puritan Reformed Spirituality*, 1–2.
79 Inst., I.ii.1.
80 Joel R. Beeke, *Puritan Reformed Spirituality*, 40.
81 Joel R. Beeke, "Appropriating Salvation," 285

"그러므로 우리는 믿음의 지식은 이해에 있는 것이 아니라 확신에 있다고 결론지을 수 있는 것이다."[82]

신앙 형성에 있어서 확신과 신뢰를 획득하기 위해 사람들은 하나님의 말씀을 예배와 성례의 경험 속에서 그들의 실존에 적용하는 것이다.

믿음, 참여, 그리고 그리스도와의 연합

칼빈에 의하면, 참여(participation)의 개념은 믿음, 성례, 그리스도와의 연합, 칭의, 성화와 밀접한 연관성을 가진다.[83] 즉 믿음을 가진다는 것, 그리스도에 참여하며, 그와 연합한다는 것은 불가분의 관계를 가지는 것이다.

그렇다면 칼빈에게 있어서 참여는 무엇을 의미하며, 사람들은 어떻게 그것을 성취할 수 있는가?

타드 빌링스(Todd Billings)는 다음과 같이 말한다.

> 이 참여는 교회의 공동체적 상황 속에서, 그리고 그것의 성례전적 삶 속에서 일어나는 것인데, 교회 안에서의 상호 간의 사랑, 이웃을 사랑하는 것, 궁핍한 자들을 사랑하는 것, 그리고 사회 속에서 정의와 평등을 통해 나타난 사랑이 연결된 것이다.[84]

---

82 Inst., III.ii.14.
83 Todd Billings, *Calvin, Participation, and the Gift* (Oxford: Oxford University Press, 2008), 12.
84 Ibid., 15.

즉 칼빈에게 있어서 참여는 예배와 성례의 삶을 통해서 그리고 하나님을 사랑하는 것이 이웃을 사랑하는 것으로 연결되는 장소에서 발생한다.85

조엘 비키는 다음과 같이 말한다.

> 칼빈의 실천 신학과 경건의 핵심적 특징은 그리스도와의 연합이다. 이것은 그리스도와의 연합으로부터 분리될 수 없는 그의 유익에 참여하는(participatio) 것을 포함한다.86

즉 하나님과의 연합을 통해서, 사람은 그리스도의 유익에 참여한다.87 칼빈은 아버지와 아들이 하나이듯, 인간은 그리스도와 연합되어 있음을 믿었다. 이 연합(union)과 교제(communion)는 "그리스도 안에서의 새로운 정체성을 주는 것을 수반한다."88 즉 참여를 통해서 사람들은 하나님께 연합되고, 삼위와의 교통(trinitarian communion)을 누린다.

이 점에서 가장 중요한 점이 하나님의 은혜의 우선성임을 고려하여야 한다. 인간의 결단 이전에 하나님의 부르심이 먼저이다.

칼빈은 "하나님의 친절하심에 의해 그리스도가 우리에게 주어

---

85 『기독교 강요』 초판에서 칼빈은 그리스도에 참여하는 주제를 3가지, 즉 성찬, 세례, 칭의와 연관시켜서 발전시킨다. Todd Billings, *Calvin, Participation, and the Gift*, 70.
86 Joel R. Beeke, "Appropriating Salvation," 273.
87 Julie Canlis는 "그리스도에 참여함"이 『기독교 강요』의 중요한 주제 중 하나라고 지적한다. Julie Canlis, *Calvin's Ladder*, 55.
88 Todd Billings, *Calvin, Participation, and the Gift*, 11.

진다"라고 말한다.⁸⁹

그러면 하나님께서 어떤 유익을 우리에게 주시는가?

칼빈은 이에 대하여 다음과 같이 말한다.

> 믿음으로 그를 소유하게 되면 이중적 유익(twofold benefit)을 받게 된다. 곧,
> 첫째는 그리스도의 의로 말미암아 우리가 하나님과 화목 됨으로써 하나
> 님께서 재판관이 아니라 자비하신 아버지가 되신다는 것이요,
> 둘째는 그리스도의 영으로 말미암아 거룩하게 되어 흠이 없고 순결한 삶을
> 배양하게 된다는 것이다.⁹⁰

즉 그리스도에 참여함에 의해서, 사람은 이중적 은혜(double grace), 즉 칭의와 성화를 받는다. 칼빈에 따르면, 칭의뿐 아니라 성화도 은혜로서 우리에게 주어진다. 또한 참여에 의해서 "그리스도께서 우리의 것이 되시면, 그가 받으신 선물들을 그 연합을 통해 우리와 나누시는 것이다."⁹¹

칼빈에 따르면, 모든 신자는 "그리스도의 유익 뿐 아니라 그리스도 자신에 참여하는 자"이다. 왜냐하면 "그리스도는 우리 밖에 거하시는 것이 아니라 내주하시며, 나뉠 수 없는 교제의 결합에 의해 그를 우리에게 연합시키실 뿐 아니라, 놀라운 교제로 말미암아 매일 우리로

---

89 Inst., III.xi.1.
90 Inst., III.xi.1.
91 Inst., III.xi.10.

하여금 더 긴밀히 연결시키시기 때문이다."⁹² 성령님을 통해서 신자는 "그의 신적 본성의 참여자가 된다."⁹³ 성부 하나님과 성령님을 통해서 사람은 "아버지에 참여"⁹⁴하게 되고, 참여에 의해 사람은 삼위 하나님과 교제한다.⁹⁵ 말씀과 성례를 베푸는 동안 신자는 삼위 하나님을 경험한다.⁹⁶

여기서 참여 자체의 중요성을 주목하는 것이 중요하다. 하나님과의 교제, 연합이 일어나는 자리는 바로 말씀과 성찬이 있는 예배의 자리인 것이다. 하나님과의 조우(encounter)와 교제(communion)를 누리는 그 자리는 삼위 하나님이 함께하시는 자리이다. 그 모든 유익은 그 자리에 참여함에 의해 시작되는 것이다. 많은 사람이 성찬에서의 하나님의 임재를 강조하지만, 이것은 인간의 믿음에 대한 보상이 아니라, 하나님의 약속으로부터 오는 자기 주심(self-giving)이다. 하나님의 자기 주심의 믿음이 우선성을 가진다. 동시에 이 약속은 사람 편으로부터의 신실한 반응을 요구한다.

참여는 은혜를 받기 위한 단지 자동적인 도구가 아니라, 하나님과의 관계를 강화하고자 하는 역동적인 기회이다. 참여는 신자들이 은혜의 방편에 접근하는 것을 허락하며, 그들의 이해와 믿음을 고양시킨다. 그러므로 하나님과의 연합과 교제가 일어나는 예배와 성찬에

92　Inst., III.ii.24.
93　Inst., I.xiii.14.
94　Inst., I.viii.26.
95　Inst., III.xi.5.
96　Todd Billings, *Calvin, Participation, and the Gift*, 114.

로의 참여는 중요한 의미를 지닌다.

3. 칼빈의 신앙 형성의 구도

인간의 연약함을 수용하시기 위해 하나님은 은혜의 방편을 사용함으로 믿음을 도우신다. 하나님께서는 "자기 백성을 한순간에 완전하게 만드실 수 있지만, 그럼에도 불구하고 그는 그들이 교회의 교육을 통하여 장성한 자들로 자라나기를 원하신다."[97]

이에 대해 칼빈은 다음과 같이 주장한다.

"무엇보다 하나님은 성례를 제정하셨으니, 이를 체험한 우리들이 느끼기에 믿음을 북돋고 강건케 하는 데 매우 큰 도움이 되는 것이다."[98]

칼빈이 보기에 성례는 신자의 신앙 형성의 과정에 있어서의 중요한 요소이다. 성례를 중심으로 칼빈의 신앙 형성의 구도가 나타나는데, 그것은 "유아세례," "교리 교육" 그리고 "성찬"이다.

칼빈의 신앙 형성의 계획에서 첫 출발점은 유아세례이다. 여기에는 부모님의 신앙고백, 가르침에 대한 의무, 그리고 교회의 교육적 사명이 아주 정교하게 상호 연관되어 있다. 언약의 연속성과 포괄성에 의해 믿음의 가정에서 자란 아이는 부모의 신앙고백에 근거하

---

[97] Inst., IV.i.5.
[98] Inst., IV.i.1.

여 유아세례를 받는다.⁹⁹ 이것은 기독교 신앙 안에서 가정과 교회의 지속된 교육과 연결된다. 왜냐하면 유아는 스스로의 신앙을 고백할 수 없기 때문이다. 그러므로 유아세례는 아이를 신앙 안에서, 특별히 교리 교육 속에서 양육시키겠다는 부모의 서약을 요구한다.¹⁰⁰

로버트 킹던에 따르면 당시 로마 가톨릭교회와 개혁교회의 가장 근본적인 차이점 중의 하나는 가톨릭교회가 가정 교육에 과도하게 의존하는데 반해 개혁교회는 가정 교육과 전문적인 성직자에 의한 교리 교육을 함께 강조했다는 것에 있었다.¹⁰¹ 즉 칼빈은 교회 교육과 가정의 기독교적 분위기(christian mood) 모두를 고려하였다. 교회에서 교리 교육을 배울 뿐 아니라, 공예배에 참여하고, 가정에서 교육을 받으면서 점차적으로 기독교의 분위기에 익숙해지도록 하는 것을 꾀했다. 이것을 두고 게리쉬(Gerrish)는 칼빈은 아이에게 주는 교회의 영향은 단지 "가르침의 문제"일 뿐만 아니라 참여를 통해 "성령님의 비밀스런 사역"과 "성례의 신비"에 대한 심오한 감각을 위한 충분한 공간을 준비하는 것임을 알고 있었을 것이라 평가한다.¹⁰²

칼빈은 신앙고백 없는 어린이의 성찬 참여를 반대하였다. 회중 앞에서의 신앙고백을 위해 바른 교리 교육은 더욱 강조되었다.¹⁰³ 제네

---

99   Lillback, *Binding of God*, 252.
100 John Calvin, *Joannis Calvini Opera Selecta*, vol. 2, 35-36.
101 Robert M. Kingdon, "Catechesis in Calvin's Geneva" in *Educating People of Faith: Exploring the History of Jewish and Christian Communities*, ed. by John van Engen (Grand Rapids: Eerdmans, 2004), 306.
102 Gerrish, *Grace and Gratitude*, 119.
103 John Calvin, "Draft Ecclesiastical Ordinance," in *Calvin: Theological Treatises*, 69.

바교회의 주일 오후에는 교리 교육 예배가 시행되었고 여기에는 어린이와 "복음적 신앙에 대해 불완전한 이해를" 가진 것으로 보이는 어른들이 참여하였다.[104] 교리문답(catechism) 교육에 아이들을 보내지 않은 부모들은 당대의 돈으로 3solz를 벌금으로 내기도 하였다.[105]

교리문답의 의도는, 킹던이 말하듯이, "모든 아이들이 기억으로부터 신앙의 일련의 기초적인 요약들, 예를 들면 사도신경, 십계명, 주기도문 등을 반복할 수 있도록 하는 것"이었다.[106] 아이들은 10살쯤 되면 질문과 대답의 형태로 교회 공동체 앞에서 그들의 신앙을 고백할 수 있었다. 신앙고백 후 그들은 성찬을 받을 수 있었다.

신앙고백 이후에, 어린이와 어른들의 신앙은 성례와 공적 예배에 참여함에 의해 발전되고 양육되었다.[107] 로버트 킹던은 "교리 교육반에서 주어진 기본적 교훈은 교회 예배에 의해 강화되었다"라고 말한다.[108] 즉 교리 교육에서 배웠던 믿음, 예배, 성례에 대한 지식은 예배의 환경 속에서 실행하면서 더 확실한 지식이 되었고, 예배의 현장에 가질 수 있는 질문들은 교리 교육을 통해서 보다 깊은 지식으로 발전될 수 있었던 것이다. 불톤(Matthew Myer Boulton)은 다음과 같이 말한다.

104　Randall C. Zachman, *John Calvin as Teacher, Pastor, and Theologian* (Grand Rapids: Baker, 2006), 140.
105　Spierling, *Infant Baptism*, 199-201.
106　Robert M. Kingdon, "Catechesis," 304.
107　교리 교육과 신앙고백의 중요성과 필요성에 대한 칼빈의 자세한 설명은 다음을 참조하라. John Calvin, "Articles Concerning the Organization," 48.
108　Robert M. Kingdon, "Catechesis," 295.

> 제네바의 시민들은 주일과 수요일 예배에 의무적으로 참석해야 했으며, 평일에도 추가적인 예배들이 있었다. 매일 아침과 저녁에는 가정에서 가족들이 모여서 기도회를 가졌으며 정규적으로 정해진 시간에 개인 또는 소그룹 기도회들이 있었다.[109]

이러한 모든 활동들을 통해서 칼빈은 예배와 교리 교육을 통해 신앙이 성숙되고 자라남을 의도했음이 분명하다.

실천(practice)을 통한 신앙 형성에 대한 칼빈의 아이디어를 논할 때, 매주 성찬의 시행에 대한 그의 강조를 주목하는 것이 도움이 된다. 불톤은 "칼빈은 성찬을 그의 신학적 일의 심장에 위치시켰고, 교회 안에서 매주 시행을 요청하였다"고 결론짓는다.[110]

왜 칼빈은 매주 예배에서 성찬의 시행을 주장했을까?

우리는 반복과 상기시킴에 의한 예배의 효과를 칼빈이 기대했으리라 추측할 수 있다. 왜냐하면 칼빈은 성례를 "믿음의 훈련"(exercise of faith)으로 간주했기 때문이다.[111] 칼빈은 단순히 성찬의 빈도를 늘이는 것의 필요성을 강조한 것이 아니라, 예배 실천(worship practice)을 반복함에 의한 신실한 신앙의 형성에 마음을 둔 것으로 보인다. 리 웬델은 말한다.

109　Matthew Myer Boulton, *Life in God*, 40.
110　Ibid., 42.
111　John Calvin, "The Genevan Confession," in *Calvin: Theological Treatises*, 29.

믿음으로 지상의 요소들을 받은 사람들은 영적으로나 육적으로나 혼자가 아니었다. 칼빈에게, 성찬은, 마치 설교처럼, 수년을 거쳐서 반복되는 실천적 행위(praxis)가 되었다. 그리고 그것이 반복되면서 이해와 믿음이 깊어지게 되었다. 표지에 대한 칼빈의 정의를 따르면서, 말씀과 성찬은 상호 의존적으로 존재하게 되었다. 함께, 그리고 서로 역동적인 관계 속에서 말씀과 성찬은 신자들에게 하나님의 나타나심을 언어적인 것과 시각적인 것으로 읽어내는 방법을 가르친다.[112]

웬델은 칼빈에게는 성찬이 하나님의 말씀처럼 신앙의 형성을 돕는 일종의 도구였다고 간주한다. 그리고 말씀과 성찬이 상호 연관된 기능을 가진다고 지적했다. 또한 웬델은 칼빈의 사상 속에서 이해와 믿음 사이의 상호작용을 주목한다. 즉 이해는 신앙을 강화하고 믿음을 통하여 사람은 보다 깊은 이해를 가진다. 믿음은 "단회적 사건"이 아니다. 오히려 믿음은 반복적인 실천(practice)과 참여를 통하여 가능해진다.

참여 없이 사람은 완전히 이해할 수 없다. 예배로의 참여는 이해와 하나님과의 연합의 출발점이 될 수 있다. 웬델은 칼빈이 반복적인 참여를 통해 "믿음이 자라나게 되고 하나님을 아는 지식(episteme)이 깊어지며, 그래서 그의 표지 속에서 하나님을 파악하는(discern) 능력이 증가하는 것"을 기대했다고 믿는다.[113] 칼빈의 의도의 핵심은 믿음의

---

112 Lee P. Wandel, *The Eucharist in the Reformation*, 164.
113 Ibid., 166.

성장이었고, 공적 예배에 참여함에 의해 하나님을 아는 지식이 자라나는 것이었다. 즉 예배의 참여는, 인간의 이해를 고양시키고, 이것이 발달을 위한 동력을 제공한다. 말씀을 듣고 성찬을 행하면서 사람은 행함에 의해 배운다. 참여자는 경험을 통한 일종의 지식을 얻는다.[114] 칼빈은 성찬에 대해 "나는 그것을 이해하려하기보다 경험한다"라고 말하였다.[115] 이 말은 신앙 형성에 대해 칼빈이 가졌던 자세를 여실히 보여준다.

이해는 보이는 말씀과 보이지 않는 말씀 사이의 상호작용에 의해 강화된다. 참여는 신앙 형성에 있어서 필수적인 부분이다. 칼빈은 비록 성례가 교리의 부록이지만, 성례는 동시에 교리의 본질이라고 주장한다.[116] 그는 하나님을 아는 방법으로서 교리를 배우는 것과 성례들에 참여하는 것 사이의 균형을 맞추었다.

하나님은 성례들을 통하여 우리에게 구원과 은혜를 확증하신다.[117] 그리고 성례를 통하여 사람은 그리스도의 신비적 몸에 결합된다. 이것은 인간의 인지가 이해할 수 없는 신비이다. 인지(cognition)의 문제가 아니라 경험과 느낌의 문제이다.[118]

마지막으로, 우리는 예전과 신앙 형성 사이의 관계에 대한 칼빈의

---

114 Matthew Myer Boulton, *Life in God*, 185.
115 Inst., IV.xvii.32.
116 John Calvin, "Acts of the Council of Trent: with Antidote," in *Tracts Relating to the Reformation*, vol. 3 (Edinburgh: Calvin Translation Society, 1954), 172.
117 John Calvin, *Corpus Reformatorum*, vol. W. Baum et al. (New York: Johnson Reprint Corp., 1964), 737.
118 Inst., II.xvi.3, III.vi.2, III.xxv.2.

사상을 그의 예전 속에서 십계명과 신앙고백의 배열을 살펴보면서 발견할 수 있다. 칼빈이 제네바에서 축출된 이후 1538년부터 1541년 사이에 그는 스트라스부르에서 마틴 부처와 함께 일하면서 그의 예배신학에 영향을 받았다.[119] 그러나 부처와 칼빈 사이에 몇 가지 차이점이 있다.

반 더 폴(G. Van de Poll)은 "칼빈은 자격 없는 자들의 성찬 참여 금지를 경고함(fencing the table)과 함께 아주 긴 권고를 삽입함으로 성찬의 제정사를 '분병분잔'(fraction)과 '나눔'(distribution)으로부터 구분시켰다"고 말한다.[120] 또한 칼빈은 "어린이에게 그들의 신앙을 개인적으로 고백하도록 요구하지 않았고, 단지 그들이 교리 교육의 근본적인 부분들에 대해 알아야만 하고, 이러한 방식으로 그들의 신앙을 설명해야 한다"고 요구했다.[121]

사실 1538년까지 칼빈이 도착하기 전에는 스트라스부르에 있는 프랑스어를 쓰는 회중들의 교회에서는 예배의 "확고한 형태"가 존재하지 않았다. 이후 칼빈의 예배의 요소들과 순서를 볼 때, 우리는 예전을 통한 신앙 형성에 대한 그의 계획이 명확해짐을 발견한다. 반 더 폴은 말한다.

> 칼빈은 때때로 죄의 고백과 십계명을 연결시켰다. 각각의 계명 이후에 '주여 우리를 불쌍히 여기소서'(kyrie eleison)라는 찬송이 뒤따라 왔다. 그러나 스트

---

[119] Bard Thompson, *Liturgies of the Western Church*, 189.
[120] G. Van de Poll, *Martin Bucer's Liturgical Idea* (Assen: Van Gorgum, 1954), 113-14.
[121] Ibid., 101.

> 라스부르 예전에서 그는 사죄의 선언 이후 율법의 첫 돌판을 노래로 불리는 것을 허락하였다. 그리고 하나님 법의 교훈을 위한 기도 이후에 두 번째 부분이 진행되었다. 그러나 율법의 기능은 고발하는 것이 아니라, 찬미하는 것과 영광을 돌리는 것이었다. 목사는 회중이 율법의 두 번째 부분을 부르는 동안 강단으로 옮겨갔다.[122]

칼빈은 죄의 고백-사죄의 선언-십계명의 순서에 의해 야기되는 경건에 대해 관심을 가졌다. 이전의 예배 순서와는 다르게, 칼빈의 예전에서 십계명은 죄의 고백과 사죄의 선언 다음에 왔다. 왜냐하면 칼빈은 "우리의 복종은 은혜를 위한 감사의 반응이 되어야 하지, 그것을 얻기 위한 수단이 아니라는 것을 이해했기 때문이다."[123]

칼빈이 이것을 통해 얻고자 했던 것이 무엇일까?

예배를 통해, 예배의 구성 요소들을 실지 행함에 의해 예배자가 하나님의 법과 하나님의 은혜를 상기하고 바른 고백으로 이어지도록 하는 것을 의도했던 것으로 보인다. 오늘날의 기독교 교육의 현장 같이 신앙 형성에 대한 개념이 존재하지 않았지만, 칼빈의 예전에 대한 견해들은 신자의 신앙 형성에 대한 그의 깊은 고려를 반영한다. 그가 예배의 요소들의 순서와 배열이 신자의 믿음의 형성에 영향을 미칠 수 있다고 보았음이 분명하다.

---

[122] Ibid., 113-114.
[123] Bryan Chapell, *Christ-Centered Worship: Letting the Gospel Shape Our Practice* (Grand Rapids: Baker, 2009), 49.

결론: 칼빈의 사상으로부터 배울 수 있는 것들

예전과 신앙 형성에 대한 존 칼빈의 사상은 지금까지 한국 교회가 가져왔던 통념 이상의 깊이가 있다. 칼빈은 예전을 무의미하고 단순히 반복적인 행동으로 보지 않았다. 예배의 요소들은 그것이 어떻게 자리 잡느냐에 따라 의미를 형성하며, 매주 반복됨에 의해 신자의 신앙에 형성적인 힘(formative power)을 줄 수 있음을 그의 저작들을 통해 보여주었다. 무엇보다 칼빈은 은혜의 방편으로서의 성례를 중심으로 한 신앙 형성의 구도를 가지고 있었다.

특히 신자의 아이는 언약의 포괄성과 연속성의 차원에서 유아세례를 받는다. 그리고 그 자녀들이 직접 신앙고백을 하고 성찬을 받기 위해 철저하고 체계적인 교리 교육을 받아야 했다. 이 과정에서 부모의 교육적 사명은 강조된다. 먼저는 유아세례 때의 부모의 서약이며, 이후 교회의 지속적인 권고를 통해 사명이 강조된다.

칼빈에게 있어서 신앙은 단순히 머리의 문제가 아니라 인지적인 지식과 경건이 함께 가는 것이었다. 그러므로 칼빈은 단순히 교리 교육뿐만 아니라 공예배와 성례의 시행, 그리고 여기에 참여하는 것이 얼마나 중요한지를 지속적으로 강조하였다. 칼빈의 신앙 형성의 구도에서 핵심적인 요소가 바로 이 참여의 개념이다. 사람은 공예배와 성례에 참여함으로써 삼위 하나님과 만나며 교제한다. 우리의 요청 때문이 아니라 삼위 하나님의 주권적 은혜로 우리는 이중적 은혜, 즉 칭의와 성화를 선물로 받는다. 그러므로 칼빈에게 있어서 참여 자체가 중요하다. 이 참여는 은혜의 방편을 수여받는 출발점이며 하나님과의 교제의 시발점이 된다.

그동안 한국 교회는 로마 가톨릭의 과도한 예전과 그것의 부작용에 대한 반발로 인해 예전과 성례에 대해 정당한 관심을 보여주지 못하였다. 그러나 예전은 단순히 무의미하고 반복적인 의식이 아니라, 신자들의 공적인 일이며 하나님에 대한 신앙의 표현이다. 이 사실을 한국 교회는 반드시 기억할 필요가 있다. 칼빈은 믿음이 없거나 미신적인 공허함을 경계하였지, 예배 의식 자체를 거부하지 않았다. 우리의 마음이 하나님께로 집중되고 들려 올라가는 것을 돕는 것이 바람직한 예전의 요건이라 주장하였다.

종교개혁 500주년을 기념하여 한국 교회에 큰 영향을 준 대표적인 종교개혁가 존 칼빈의 예전과 예배신학을 다시 살피면서, 하나님을 향한 종교개혁가들의 바른 예배에 대한 열망을 본받고, 그들이 성경에 근거하여 예배 의식을 끊임없이 점검하며 발전시켰던 것을 명심하며, 오늘날 우리의 예배신학과 실천을 다시 한 번 점검하며 발전시켜 나가야 할 것이다. 왜냐하면 개혁교회는 끊임없이 개혁해나가는 교회(Ecclesia reformata semper reformanda est)이기 때문이다.

참고 문헌

Baillie, Donald M. *Theology of the Sacraments*. New York: Charles Scribner's Sons, 1957.

Beeke, Joel R. *Puritan Reformed Spirituality*. Webster, NY: Evangelical, 2006.

Boulton, Matthew Myer. *Life in God: John Calvin, Practical Formation, and the Future of Protestant Theology*. Grand Rapids: Eerdmans, 2011.

Brienen, T. *De liturgie bij Johannes Calvijn*. Kampen: Uitgeverij de Groot Goudriaan.

Calvin, John. *Calvin: Theological Treatises*. Translated by J.K.S. Reid. Philadelphia: Westminster, 1954.

_____. *Calvin's Commentaries*, 22 vols. Grand Rapids: Baker, 2005.

_____. *Institutes of the Christian Religion* (1536). Translated by Ford Lewis Battles. Grand Rapids: Eerdmans, 1995.

_____. *Institutes of the Christian Religion* (1559). Translated by Henry Beveridge. Peabody, MA: Hendrickson, 2008.

_____. *Ioannis Calvini opera quae supersunt omnia*. Edited by Guilielmus Baum, Eduardus Cunitz and Eduardus Reuss. 59 vols. New York: Johnson Reprint, 1964.

_____. *Tracts Relating to the Reformation*. 3 vols. Translated by Henry Beveridge. Edinburgh: Calvin Translation Society, 1844.

Canlis, Julie. *Calvin's Ladder: A Spiritual Theology of Ascent and Ascension*. Grand Rapids: Eerdmans, 2010.

Chapell, Bryan. *Christ-Centered Worship: Letting the Gospel Shape Our Practice*. Grand Rapids: Baker, 2009.

Doumergue, Emile. *Le Caractere de Calvin*. Paris: Ed. de Foi et vie, 1921.

Dowey, Edward A. *The Knowledge of God in Calvin's Theology*. Grand Rapids: Eerdmans 1992.

Gamble, Richard C., "Brevitas et facilitas: Toward an Understanding of Calvin's Hermeneutic," *Westminster Theological Journal* 47 (1985), 1–17.

Gore, R. J. *Covenantal Worship: Reconsidering the Puritan Regulative Principle*. Phillipsburg: Presbyterian and Reformed, 2002.

Jordan, James B. *Sociology of the Church*. Eugene, OR: Wipf & Stock, 1999.

Kingdon, Robert M. "Catechesis in Calvin's Geneva." In *Educating People of Faith: Exploring the History of Jewish and Christian Communities*, edited by John van Engen, 294–313. Grand Rapids: Eerdmans, 2004.

_____."Worship in Geneva before and after the Reformation" In *Worship in Medieval and Early Modern Europe: Change and Continuity in Religious Practice*, edited by Karin Maag and John D. Witvliet, 41–60. Notre Dame: University of Notre Dame Press, 2004.

Lanning, Ray. "Foundations of Reformed Worship." In *Living for God's Glory: An Introduction to Calvinism*, edited by Joel R. Beeke, 231–44. Sanford, FL: Reformation Trust, 2008.

Leith, John H. *Introduction to the Reformed Tradition: A Way of Being the Christian Community*. Atlanta: John Knox, 1977.

Maxwell, William D. *A History of Christian Worship: An Outline of Its Development and Forms*. Grand Rapids: Baker, 1936.

Mckee, Elsie Anne. "Context, Contours, Contents: Towards a Description of the Classical Reformed Teaching on Worship." *The Princeton Seminary Bulletin* 16 (1995), 172–202.

McKim, LindaJo H. "Reflections on Liturgy and Worship in the Reformed Tradition." In *Major Themes in the Reformed Tradition*, edited by Donald

K. Mckim, 305-317. Eugene, OR: Wipf & Stock, 1998.

Moon, Hwarang. *Engraved upon the Heart: Children, the Cognitively Challenged, and Liturgy's Influence on Faith Formation.* Eugene, OR: Wipf & Stock Publisher, 2015.

Moore-Keish, Martha L. *Do This in Remembrance of Me: A Ritual Approach to Reformed Eucharistic Theology.* Grand Rapids: Eerdmans, 2008.

Old, Huges Oliphant. "Calvin's Theology of Worship." In *Give Praise to God: A Vision for Reforming Worship*, edited by Phillip Graham Ryken, Derek W. H. Thomas and J. Ligon Duncan, 412-435. Phillipsburg, NJ: P&R, 2003.

_____. *The Patristic Roots of Reformed Worship.* Zurich: Theologischer Verlag, 1975.

Peter, Rodolphe. "Calvin and Liturgy, According to the Institutes." In *John Calvin's Institutes, His Opus Magnum*, edited by B. van der Walt, 239-265. Potchefstroom: Institute for Reformational Studies, 1986.

Reymond, Robert L. *A New Systematic Theology of the Christian Faith.* Nashville: Thomas Nelson, 1998.

Selderhuis, Herman J. *Calvin's Theology of the Psalms.* Grand Rapids: Baker, 2007.

Thompson, Bard. *Liturgies of the Western Church.* Philadelphia: Fortress, 1980.

Van de Poll, G. *Martin Bucer's Liturgical Idea.* Assen: Van Gorgum, 1954.

Wainwright, Geoffrey. *Doxology: The Praise of God in Worship, Doctrine an Life.* New York: Oxford University Press, 1980.

Wandel, Lee Palmer. *The Eucharist in the Reformation: Incarnation and Liturgy.* Cambridge: Cambridge University Press, 2006.

Witvliet, John D. *Worship Seeking Understanding: Windows into Christian Practice.* Grand Rapids: Baker, 2003.

예배, 종교개혁가들에게 배우다
Theology of Worship among the 16th Century Reformers

2017년 11월 10일 초판 발행
2018년 10월 10일 초판 2쇄 발행

지 은 이	문화랑
편　　집	정희연
디 자 인	신봉규, 전지혜
펴 낸 곳	사)기독교문서선교회
등　　록	제16-25호(1980. 1. 18)
주　　소	서울시 서초구 방배로 68
전　　화	02) 586-8761~3(본사) 031) 942-8761(영업부)
팩　　스	02) 523-0131(본사) 031) 942-8763(영업부)
홈페이지	www.clcbook.com
이 메 일	clckor@gmail.com
온 라 인	기업은행 073-000308-04-020, 국민은행 043-01-0379-646
	예금주: 사)기독교문서선교회

ISBN 978-89-341-1730-8 (93230)

* 낙장 · 파본은 교환해 드립니다.

이 도서의 국립중앙도서관 출판시 도서목록(CIP)은 서지정보유통지원시스템 홈페이지(http://seoji.nl.go.kr)와 국가자료공동목록시스템(http://www.nl.go.kr/kolisnet)에서 이용하실 수 있습니다.
(CIP제어번호: CIP2017026021)